ちくま文庫

10年後、君に仕事はあるのか?

藤原和博

筑摩書房

巨大な建造物が立ち並ぶのを見て育った親世代とは異なり、息子・娘世代は世界の半分がネット内に構築され、人生の半分をそこで過ごすようになる。だから、「仕事」の半分も、ネット内で処理されることになり失われる。

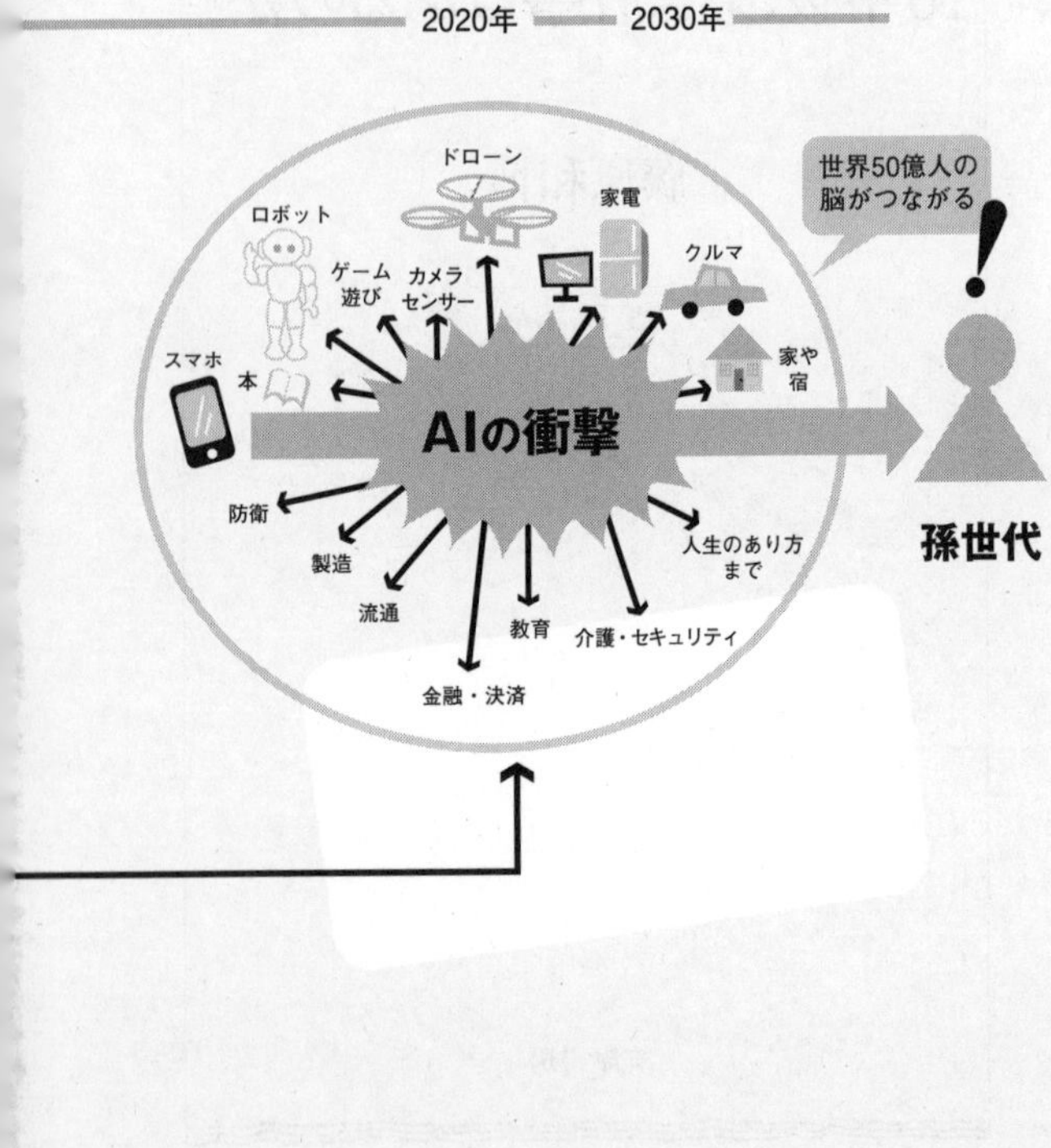

図表1 親世代と息子・娘世代の社会イメージの違い

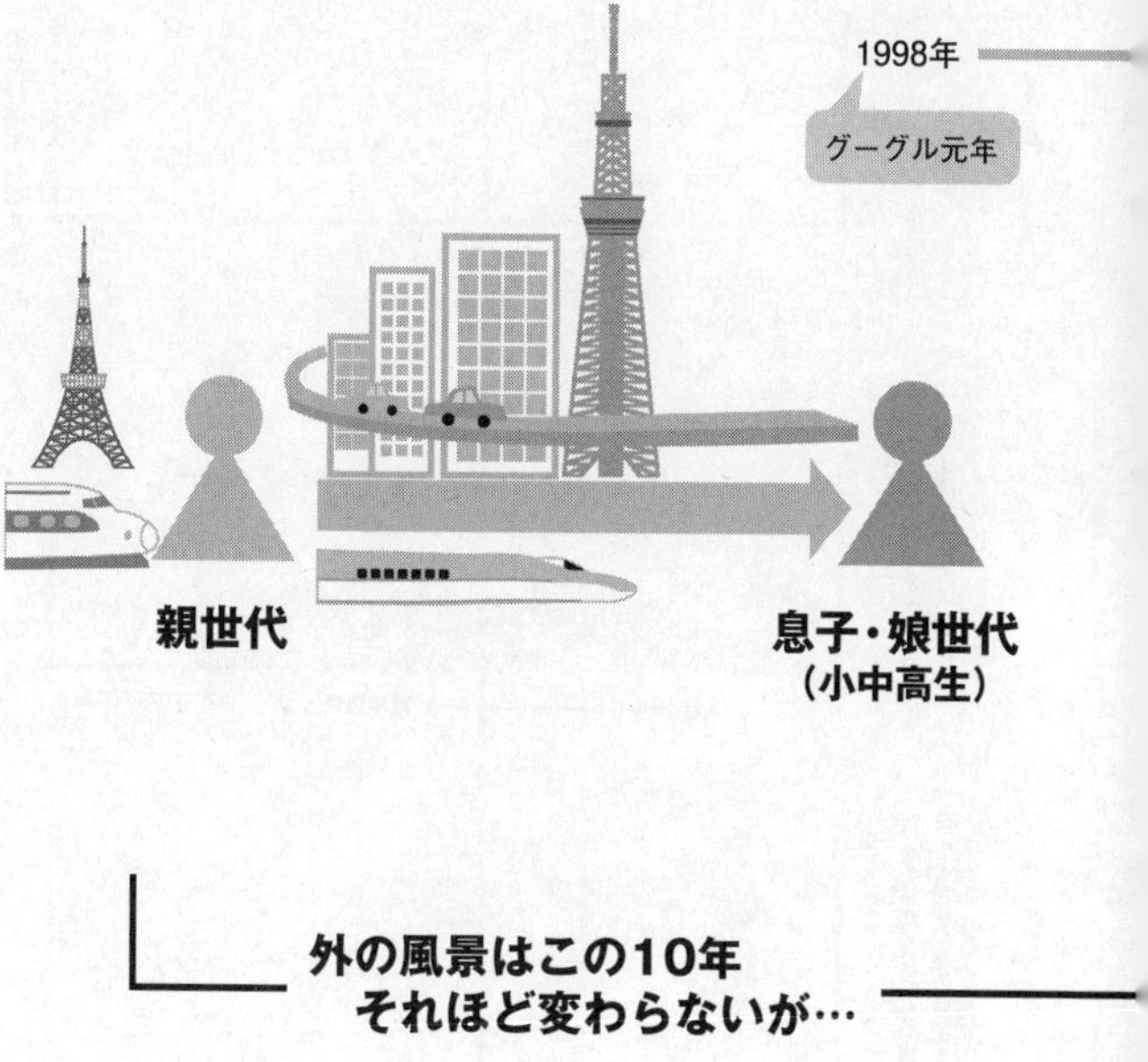

図表2 3世代の「人生のエネルギーカーブ」の違い

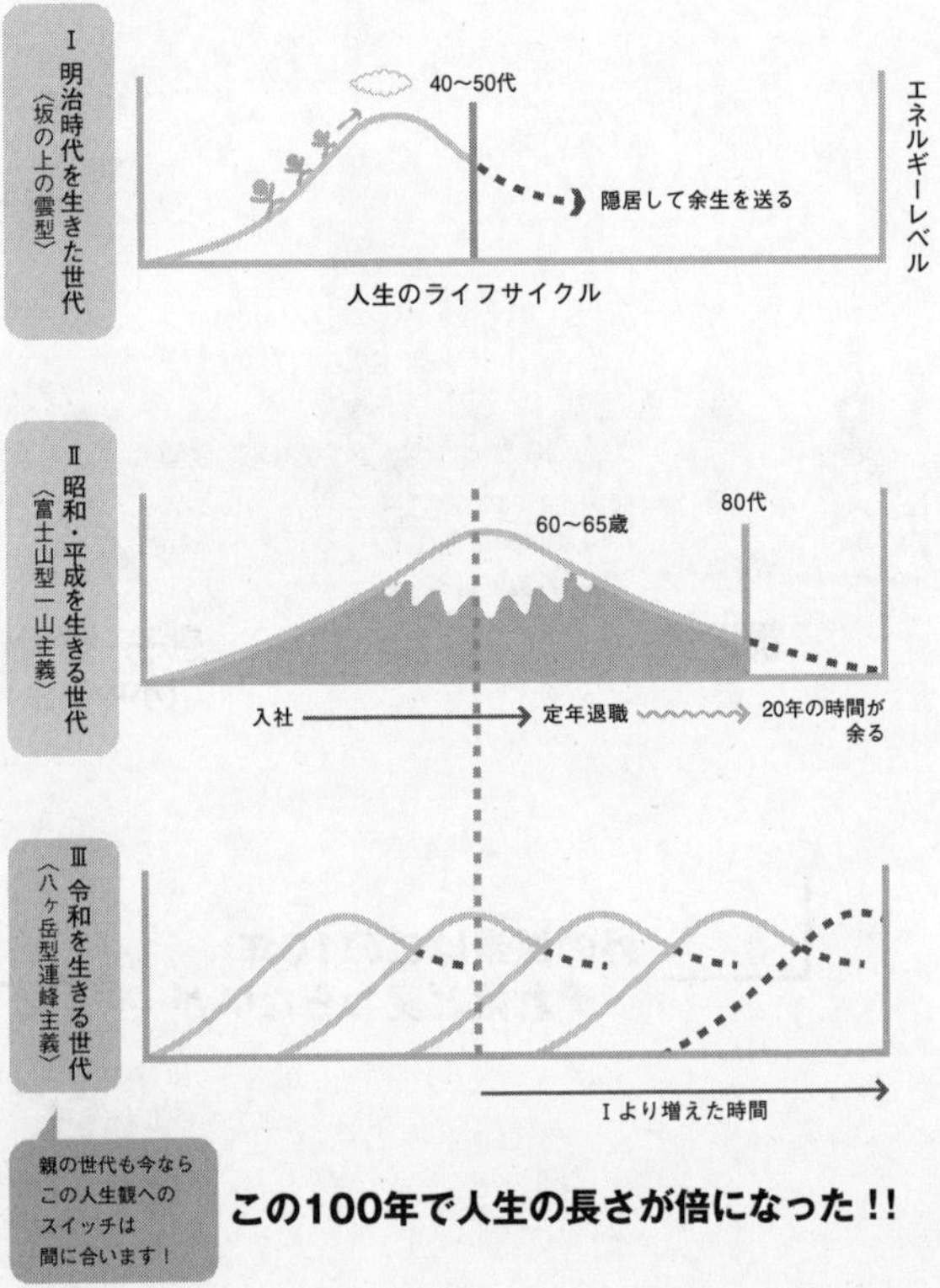

この100年で人生の長さが倍になった!!

目次

第2章 仕事が消滅する時代に身につけておきたいこと 39

第3章　「遊び」と「戦略性」が情報編集力の鍵になる　95

第4章　「雇《エンプロイアビリティ》われる力」の鍛え方　145

第5章
一生が90年の時代のライフデザイン　171

終章

君たちが日本の未来を拓く10の理由

10年後、君に仕事はあるのか?

はじめに　君たちは、どんな未来を生きるのか

いま、君たちにとって最大の悩みは、モデルとなる大人が近くにいないことでしょう。

世の中は完成品で埋め尽くされているようにも見えるし、自分と世の中をどう折り合いつけていいか、どうもピンとこない。

一方、保護者にとっても、自分の子は明らかに自分とは違う人生を歩むだろうと想像できるから、勉強にしろ、受験にしろ、どのようにサポートしていいのか確信が持てない、というのが本音でしょう。

おまけに、2020年度から大学入試制度が変わるし、AIロボット化で事務仕事がなくなってしまうともいわれています。

じゃあ、いったい、**そうした不確かな時代に、君たちはどんなチカラを身につけていけばいいのか？**

いまから、じっくり解き明かしていきたいと思います。

余計な不安を取り払うために、まず確認すべきことがあります。君たちは親と違う人生を歩むと言うけれど、どこが決定的に違うのか？大きく3点あります。ものすごく大きな違いがね。

1つ目は、**君たちが社会人になる2020年代の半ばには、多くの親が体験した「標準的な人生モデル」は追求できないということ。**

会社で正社員にはなれないかもしれないし、大手企業に入社したとしても一生そこで働くのは珍しくなるでしょう。新卒の一括採用が残っているかどうかさえ怪しい。結婚して子育てし、マイホームを持つかどうかもわかりませんよね。だから、親の人生モデルを前提として君たちに説教しても通じない。

2つ目は、**言わずと知れたスマホと、それにつながったネット世界の広がりです。**

グーグル（Google）は1998年生まれです。グーグル以前とグーグル以降生まれは人種が違うと思ったほうがいいでしょう。ちなみに、もし君の親が、君がスマホに文字を打ち込むスピードにかなうなら、「若い！」と褒めてあげていいかもしれません。

君たちの世代は、人生の半分をネット上で暮らすことになるでしょう。これについては大事なことなので、あとで詳しく解説します。

ネットゲームの中毒患者でなくても、社会人としてちゃんと仕事をしようとすれば、そうなるんです。たとえば、SNSで仲間を募る「魔法の杖《つえ》」は最強ですよね。親世代には、学校の枠を超えて仲間を集めようとすれば、駅の伝言板くらいしかなかったんです。

自分の存在の半分は、ネットのなかで広がりながら他人とつながりを持つことになります。そして、その存在を評価されることで、自分の居場所が保証される感覚がある。ネット世界から個人がクレジット（信用と共感）を与えられることになるからです。リアルかバーチャルかは関係ありません。

そういう場がないと、人間というのは安心できない動物なんですね。

リアルな場はますます複雑怪奇《ふくざつかいき》になり、居場所がなかったり、存在を脅かされることも増えるでしょう。だから、仮にフェイスブック（Facebook）やツイッター（Twitter）が衰退することがあっても、新しいSNS的なサービスは次々と現れる。グーグル以降の人間は、ネット上で自己肯定感を得られる気持ちの良さからもはや逃れられないと思います。

3つ目は、最初の2つとも関連しますが、**人生の長さ（ライフスパン）が決定的に異なること。**明治・大正を生きた世代と比較すると、君たちの世代は平均寿命が2倍（40～50年から80～100年）に延びることになります。いまの親世代もあと40～50年の人生が残っているから、十分に長いんだけどね。

ただし、親世代が生きている昭和・平成の時代は、1997年までは高度成長期でした。子ども時代には掃除や洗濯をロボットがやってはくれませんでしたから、面倒なことや手間のかかる仕事がまだまだ多かった。不便な社会を知っている世代なんです。経済が成長するなかで、さまざまな社会のひずみもあった。兄弟や地域社会の人間関係に揉《も》まれながら育ち、会社や役所に入れば上司や先輩に揉まれてきました。

でも、君たちは違います。そうした面倒や手間を人工知能（AI）やロボットがやってしまう時代を生きているんです。切符を買って改札で駅員さんにハサミを入れてもらっていた時代から、カードやスマホで自動改札を素通りできる時代へ。世間話や値段交渉をしながら肉屋さんや八百屋さんでいちいち買い物をしていた社会から、加工食品を黙ってレジへ持っていきレンジでチンしてもらえばすぐに食べられる社会へ。

そんな、なにかと便利な「コンビニ社会」に生まれてきたから、好きなことでもして時間をつぶさなければ暇で暇で困ってしまう。「人生とはいかに時間をつぶすか」という感覚が強くなるはずです。だからこそ、君たちの世代が成熟社会を進化させ、日本のスポーツ・文化・芸術活動を花開かせる可能性は高いと思います。

このように、世界観、自分観、人生観が、親の世代とは決定的に異なることになるのです。だから、理解されなかったとしても安心していいんですよ（笑）。

この本では、親の世代だったら、普通に高校から大学に進学し、普通に就職してサラリーマンになったり公務員になったりするはずだった子どもたちが、そうはなれない未来を予言しています。

ＩＴ化が進んでＡＩやロボットが事務の仕事を奪うことは後述しますが、それ以外にも普通の人の普通の人生を脅かす事件がやがて起こります。

２０２１年に開催される予定の東京五輪。アテネ五輪のあとのギリシャや北京五輪のあとの中国など、世界の歴史を振り返れば、**オリンピックを大々的に開催するために競技場や道路整備などに投資しすぎた国は、閉幕後、景気が大幅に落ち込むことが予想できる**からです。

これらの理由から、２０２０年代にはおそらく求人も半減することになるでしょう。

ここで、もう一度問いかけますね。

では、いったい、そうした不確かな時代を生き抜かなければならない君たちは、どんなチカラを身につけておくべきなのか？

親たちは、どんなサポートをしてやったらいいのか？

学校の先生は、どんな武器を生徒に渡せばいいのか？

いまから6章に分けて、解説していこうと思います。

この本には、僕が勤めていた奈良市立一条高校で、機会があるごとに生徒や先生、そして主に40代、50代の保護者の方たちに語りかけていた10年後（２０２０年代）の近未来の姿とその対処法をキッチリ盛り込んでおきました。

奈良に移住した時、なぜ今度は高校の現場に入ったのかをよく聞かれました。

それは僕が、現在の中高生こそが、ニッポンの未来を拓いてくれる存在となるに違いないと本気で信じているからなんです。

藤原和博

第1章

これからの10年で世界は激変する

1 人間が人間らしくなる時代

世界中がスマホでつながる日

いきなりですが、今後10年の間に社会に一番影響を与える変化は何だと思いますか?

どんなことが、君の人生にとって一番影響が大きいでしょうか?

日本だけのことを考えれば、少子化とか高齢化と言うかもしれませんね。また、高校生の立場で考えれば、それは自分が25~28歳になっていること……もう結婚してるかもしれないしね。

でも、世界的な視野ではどうでしょう?

一番大きな変化は、世界の50億人がスマホでつながることだと言われています。だから、映像で人類がつながってしまう。言葉の壁を越えて交流できる日も近い。

そして、そのネットワークに人工知能（AI）がつながること。**つまり、私たちの生活のあちこちでネットとつながったロボットがいろんな働きをするようになる。**

ロボットと言っても、「ASIMO」や「Pepper」のような人型をしているとは限りません。いまだって、「ルンバ」のようなお掃除ロボットが活躍しているでしょう。

もう少しすると、冷蔵庫も「冷蔵クン」というロボットになって、コンビニで買ったものを入れるたびにバーコードで賞味期限を判断したり、足りなくなると自動的に発注するようになるでしょう。車はすでに「移動クン」という名のロボットで、縦列《じゅうれつ》駐車《ちゅうしゃ》を自動的にやってくれる機能を搭載しているし、高速道路での車線変更も渋滞時のノロノロ運転も自動でできる。ロボットに乗り込むというとガンダムを思い浮かべるかもしれませんが、車はもうそうなっている。

さらに、スマホだって10年以内にほぼすべての知識がネット上に蓄積されるから、のび太くんにとってのドラえもんのような、超のつくほど優秀なパートナーになっているでしょう。スマホはもう「通信クン」という名のロボットと一緒です。

未来の社会はネット内に建設される

もっとも、未来社会と言っても、10年くらいでは街の見た目はそれほど変わらないかもしれません。この10年の一番の変化はスマホの向こうにつながった「ネット内」で起こるので、それがどんなに激しくても外見には現れてこないからです。

映画『バック・トゥ・ザ・フューチャー』や『A.I.』などの未来社会が描き出すような、車が空やビルの壁面をビュンビュン飛び回るような光景は、当分見られないと思います。それに、東京スカイツリーや、あべのハルカスよりも高い建物はもういらないでしょう。

それでも、親世代は、大きなビルやタワーが続々と建ち、高速道路が通り、新幹線が走り、大型船が就航し、飛行機もどんどん大型化する時代を生きてきました。だから、目の前に突然立ち上がった大型の建造物や乗り物に興奮し、物や街の外見上の未来に夢を抱くことができた。鉄やコンクリートで作られた未来にです。

一方、君たちの世代は違います。建設が街で起こるのではなくネット内で起こるから、見えない。可視化されないから夢を託しにくいんです。ネットの向こうの実態は見えないし、いたるところに埋め込まれたチップもセンサーも超小型化して隠されている。さらに先端技術も、ナノテクノロジーやiPS細胞のように微細で見えない領域に向かっています。未来が見えにくくなっちゃったから、夢のあり方も変わっていくはずですね。

こうして、**世界の半分がネット内に建設されるようになると、君たちは自然と、人生の半分をネット内で暮らすようになります。**

仕事が消滅していくのは、のちに述べるように、AIとロボットが人間のやっていた処理仕事を奪っていくという面もあるのですが、より本質的には、世界の半分がネット内に建設され、人間がその世界で人生の半分を過ごすようになるからなんです。

このことは、未来社会の大事な本質なので、2〜3ページの図表1に描いておきました。

これが、親世代と君たちの生きる世界の決定的な違いになります。

さて、ここで、もう1つ質問です。

ＡＩが急速に発達していくと、人間の仕事が奪われ、人類の脅威になるということがいま世界中で議論されているのですが、君はどう思いますか？

ネットワークとつながったＡＩの高度化は、人間にとって脅威でしょうか？

僕はこう考えています。

ネットワークが広がれば広がるほど、ＡＩが高度化すればするほど、人間がより人間らしくなるはずだと。人間は、人間じゃなきゃできない仕事をするようになり、人間本来の知恵と力が生きてくるだろう、と。

学校の先生の仕事が良い例ではないかと思います。

どんなにネット上に知識が蓄積されても、その前に立つ先生の仕事はなくならない。子どもたちを動機づけたり、ときには叱ったり、背中を押したり、勇気づけたり……

そうした人間にしかできない仕事がますます大事になってくる。

AIに取って代わられる仕事、生き残る仕事

もちろん一方で、なくなったり、求人が大幅に減る職業もあります。

次ページの図表3は、『週刊ダイヤモンド』編集部が調べた、AIに取って代わられやすい仕事のランキングです。昔は「コンピュータに取って代わられる」と表現しましたが、本来は「AIを搭載したロボットがネットワークにつながることで取って代わられる」と表現するのが正確でしょう。でも、ややこしいので、以下「AI×ロボット」と表現しますね。

あとでも触れますが、早く正確に処理する仕事、つまり単純な処理作業はいままでも続々とコンピュータに置き換えられています。これは当たり前ですよね。

でも、簡単な判断が求められる仕事もすでに機械ができるようになっていて、**この10年でさらに、かなり複雑な判断が求められる仕事までAI×ロボットに奪われていくだろうと予測されている**のです。

経理、銀行窓口、医療事務など、単純な部類の「事務」の仕事が、なくなる仕事の

図表3 ホワイトカラー機械化代替率ランキング

順位	職種名	機械化代替率(%)
1	経理事務員	99.99
2	貿易事務員	99.99
3	銀行窓口係	99.98
4	一般事務員	99.97
5	医療事務員	99.95
6	通信販売受付事務員	99.94
7	保険事務員	99.91
8	通関士	99.88
9	物品購買事務員	99.86
10	アクチュアリー	99.83
11	保管・管理係員	99.82
12	生産現場事務員	99.78
13	分析化学技術者	99.78
14	プラント設計技術者	99.75
15	受付係	99.64
16	証券外務員	99.64
17	人事係事務員	99.58
18	診療情報管理士	99.50
19	会計監査係員	99.50
20	学校事務員	99.48
21	行政事務員(県市町村)	99.41
22	行政事務員(国)	99.26
23	テレフォンアポインター	98.79
24	測量士	98.55
25	細菌学研究者	98.28
26	税務職員	97.99
27	弁理士	97.99
28	生産・品質管理技術者	96.29
29	原価計算係	96.14
30	税理士	91.43
31	翻訳者	90.29
32	化学者	88.00
33	広報事務員	87.34
34	秘書	87.05
35	バイオテクノロジー研究者	86.79
36	証券アナリスト	86.66
37	物理学者	85.80
38	株式トレーダー/為替ディーラー	85.44
39	鉄道運転計画・運行管理員	83.04
40	工学技術研究者	78.89
41	商品管理係	77.50
42	刑務官	72.99
43	公認会計士	70.79
44	商品販売外交員	69.61
45	不動産鑑定士	66.39

資料：『週刊ダイヤモンド』2016年8月27日号

ランキング上位に出てきます。でも、会計監査係員、税務職員、不動産鑑定士、細菌学研究者まで上位に挙がっているのは、ちょっと意外な気がしませんか？

世界的な研究でも同じような分析結果が出ているのですが、面白いのは、電車の運転士はかなり早い段階でAI×ロボットに取って代わられる運命にあるけれど（すでにモノレールなどで実現）、同じ電車運行の仕事でも、車掌のほうは意外と生き残るだろうという予測もあることです。

最終的な安全確認や電車の運行中に病人が出たときの対応など、想定外の（予測が難しい）事態への対応は人間に任せたほうがうまくいくと考えられているからでしょう。逆に言えば、そういう仕事が残るということでもあります。

だから君たちには、AI×ロボットの時代に入るこのときに、人間として本当に必要な知恵と力を身につけてほしいと思うのです。

「AI×ロボット技術」と「人間の知恵」とが掛け合わされる場所に、必ずや新しいタイプの人間の仕事の場、すなわち「フロンティア」が開けてきます。介護でも、保育でも、教育でも、はたまた伝統文化を継承する仕事でさえも。

この危機をチャンスととらえ、1人ひとりが独自のフロンティアを切り開いていってもらいたい——。これは、一条高校の入学式で話した話題でもあります。

そのために、どんな勉強をすればいいのか、何を身につければいいのかを詳しくお話ししましょう。

2　2020年は時代の変わり目

全国的に起こる就活の地殻変動

2021年春以降の就職活動は、荒れ模様になるはずです。現在の高校生からあとの世代の就活の話です。

2020年代を通してAI×ロボット革命が進むにつれて事務系の処理仕事がなくなっていくので、事務系の求人は半減するだろうと「はじめに」でも述べました。これについては、野村総合研究所が英国オックスフォード大学と行った研究結果もありますから、グラフを引用しておきましょう（図表4）。

図表4 日本・イギリス・アメリカのAIによる代替可能性の比較

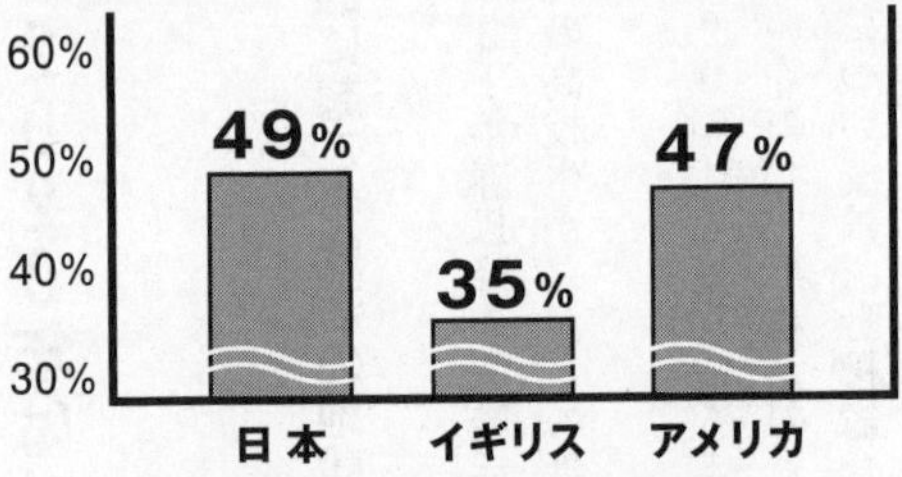

**いま日本にある仕事の49%が
AIの仕事に取って代わられる!!**

資料：野村総合研究所

図表5 五輪開催国の開催前後の経済成長率

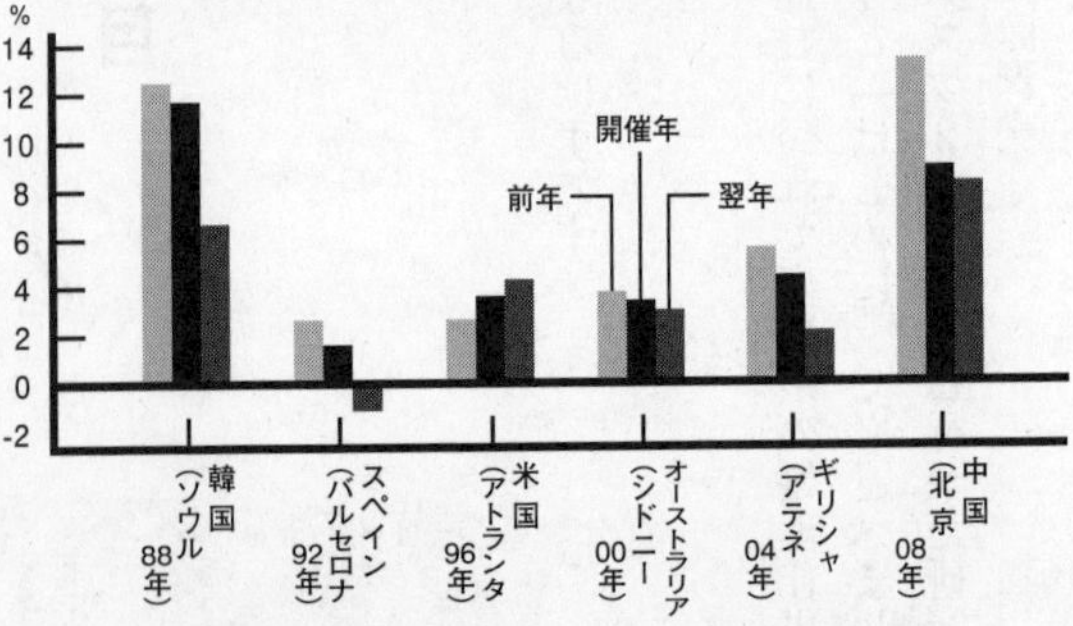

**世界の歴史を見ると、オリンピック後は
景気が悪くなる可能性が高い!!**

資料：IMF

加えて、オリンピック開催後のギリシャや中国がそうだったように、東京五輪後の日本の経済は、宴《うたげ》のあとの状態で沈み込むはずだからです。

これについても、証拠を示しておきましょう（図表5）。

このダブルパンチを受けて就活においても、首都圏では、私立大学卒業生のメインの就職先だった伸び盛りの中堅・準大手企業に、国公立の卒業生が押し寄せることになるでしょう。

また、全国各地で、地方大学卒業生の定番だった地方の有力企業や公務員の求人枠に、エッというような東京や関西の有名大学から学生が攻め込んでくるということが起こると思います。就活の地殻変動が起こる。

新卒だけでなく、中途採用でも同じです。

でも、意外にもこの流れが、多様な人材を地方に呼び込むことになって、本当の意味での地方の活性化が図られるかもしれません。だから、悪いことばかりじゃない。

「地方創生」という言葉が流行《はや》ったけれど、僕の経験では、東北の石巻市雄勝《おがつ》（雄勝石を使った時計をプロデュース）でも、佐賀県武雄市（武雄市特別顧問）でも、移住して住んだ奈良市でも、地元の人材だけではなかなか大きな仕掛けはできないものです。

人材については、地産地消《ちさんちしょう》だけでは無理なんですね。だから、こうした流れは良い知恵が生まれるキッカケになります。

2020年代に現れる三重の衝撃

ここで、2020年代に起こる地殻変動に対して、強いと思われる職種を2つだけ挙げておきましょう。それは、**観光とプログラミング**です。

コロナ騒動が落ちついてからになりますが、日本を訪れる観光目的の外国人（いわゆるインバウンド）は増え続けると予想されます。それは、**海外旅行を楽しめるほど収入があるアジアの中間層が、現在の数億人規模から2030年までに20億～30億人に達するだろうと試算されている**からです（図表6）。

観光業での生き残りは国家戦略の1つに位置づけられていますし、インバウンドで外国人が日本国内で使ってくれるお金は、かつて加工貿易立国だった頃に輸出で稼いだ外貨と同じ意味を持ちます。

一方、プログラマーが足りなくなるのは言うまでもありません。**プログラミングを**

理解しているかどうかは、２０２０年代には、かつての「英語ができるかどうか」と同じ意味を持つことになるでしょう。

だから、一条高校では、図書館の奥にリクルートのスタッフが詰めて「一条観光倶楽部（ＩＫＣ）」と「一条プログラミング倶楽部（ＩＰＣ）」を運営することにしました。関心のある生徒が、学科や部活の壁を越えてゼミのようにプロから学べるようにです。

２０２０年代に若者に厳しい現実が押し寄せるのには、じつはもう1つ理由があります。**社会に対する若者の負担が増えてしまうという問題です。**

人口割合として、お年寄りが増え、若者が減ることは明らかです。このままでは社会保障が破たんするから、消費税が15%程度にはなると僕は予想します。

これについては、２０２０年代の年代別人口動態の推移グラフを示せば十分納得がいくでしょう（図表7）。

つまり、三重の衝撃、トリプルパンチなんです。

図表6 訪日外国人数の推移

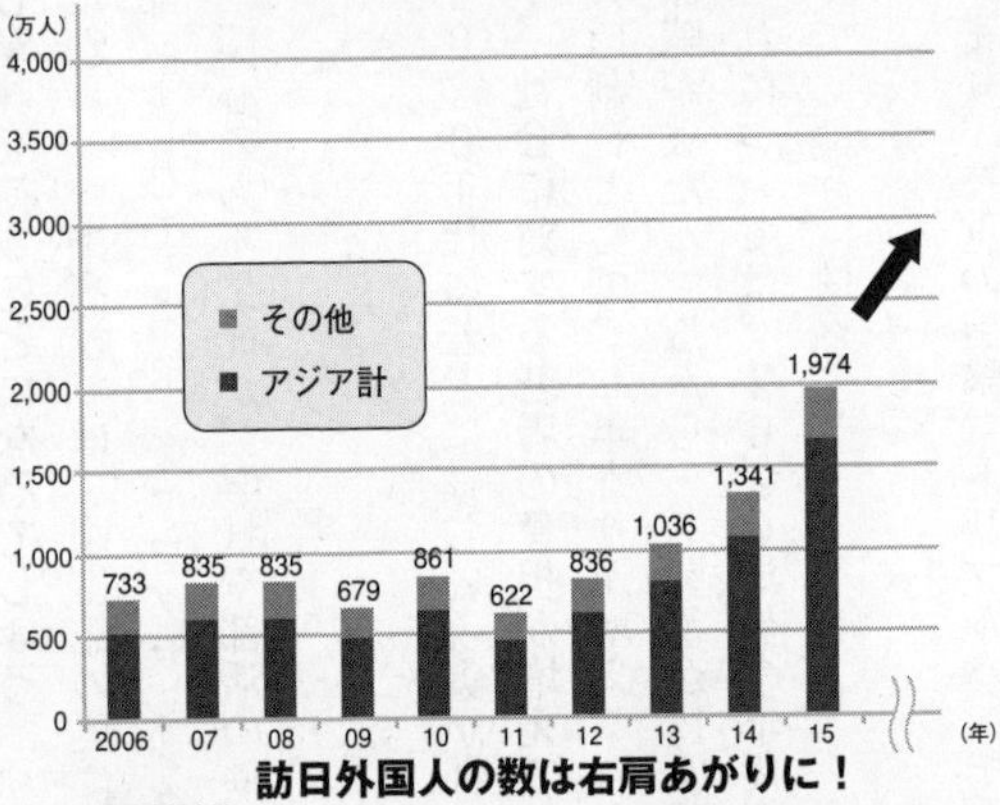

資料：日本政府観光局

図表7 日本の年代別 人口動態の推移

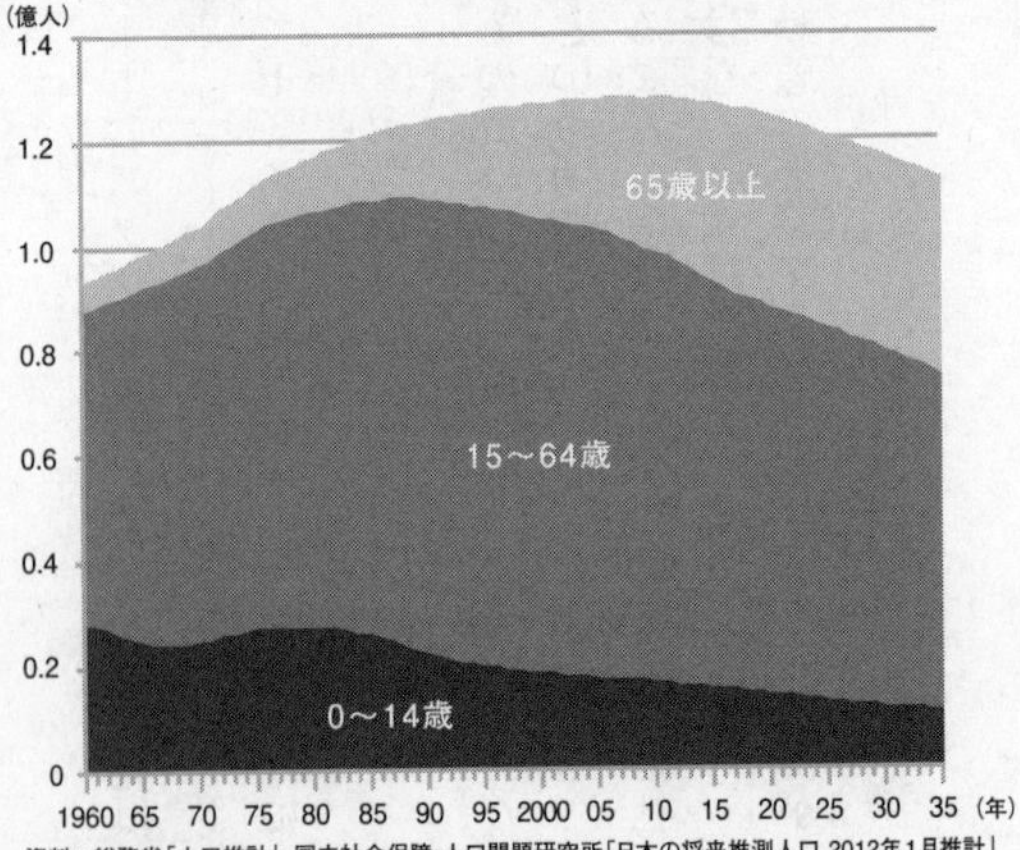

資料：総務省「人口推計」、国立社会保障・人口問題研究所「日本の将来推測人口 2012年1月推計」

第2章

仕事が消滅する時代に身につけておきたいこと

1　学力は必要なくなるのか？

勉強すれば、人生を先送りできる

世の中には、アスリートや芸術家となることを運命づけられた人もいますよね。体操の内村航平くんが小さい頃にトランポリンでトレーニングしている映像や、卓球の福原愛ちゃんが泣きながらお母さんとボールを打ち合っている映像を見ると、涙が出るほど感動します。

でも、みんながオリンピックで活躍するアスリートや、ピアニストやバイオリニストのような芸術家の道を歩むわけではありません。子どもの頃から前半戦の人生が決定づけられている人は、全体の1％程度か、多くても10％に満たないでしょう。

また、子どもはみな大きな夢を持つべきだ、そしてその夢に向かってまっすぐに生

図表8 「生きるチカラ」の三角形①

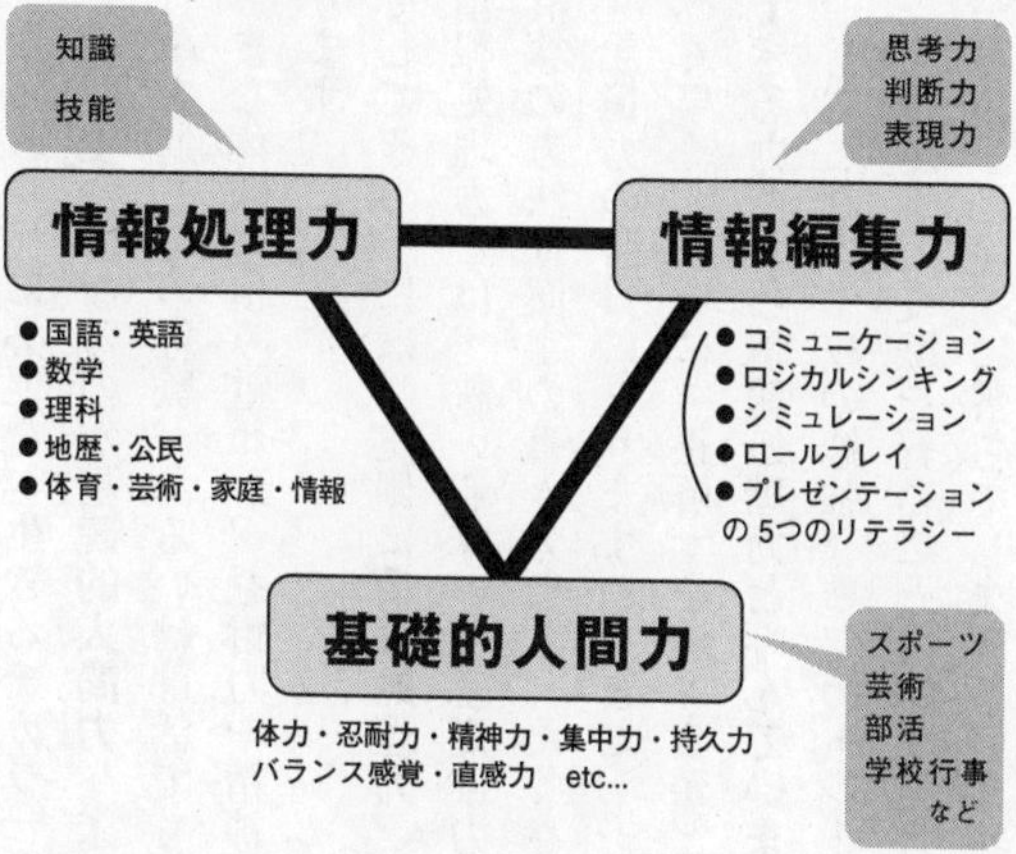

きるのが良いと決めつける大人もいます。夢の実現のためには回り道は避けたほうがいいし、学校での地道な勉強は無駄ではないか、と。

本当にそうでしょうか？

もし君が、小さい頃からアスリートや芸術系の訓練をせず、いま普通に学校に通っているようなら、僕はまず勉強することを勧めます。

君がすでに特定の夢やキャリアを強く意識しているケースを除けば、**あとで選択の幅が広がるように、基礎学力を高めることは必須だからです。**

上の図表8を見てください。

小さい頃からアスリートや芸術家としての道を歩んでいるわけではない普通の人が、これからの時代に必要な「生きるチカラ」を三角形の図に表してみました。

まず、土台になるのが**基礎的人間力**。家庭教育がベースですが、学校での人間関係や行事を通じての経験、あるいは部活でも育まれます。そのほか、旅やバイトなどさまざまな体験の積み重ねが、忍耐力や精神力、集中力、持久力などを強化することになります。

そしてその上には、左側に**情報処理力**、右側に**情報編集力**を置きました。

情報処理力とは、狭い意味の「基礎学力」のことです。

計算の方法や漢字の書き方など、たくさんのことを覚え、それを思い出せるかどうか。記憶力の勝負になりますね。また、一見複雑な問題でも、それを読み解いて、なるべく早く、正確に「正解」を導けるかどうか。**チャッチャと1人で、早く正確に処理できる力だから情報処理力と呼んでいます。**

通常、これは学校の勉強や塾でのトレーニングで鍛えられます。中学でも、高校でも、大学でも、受験を経ることで情報処理力は飛躍的に上がることがありますが、試験が終わると途端に落ちてしまうという特性もあります。

一方、**情報編集力は、正解がないか、正解が1つではない問題を解決する力です。**

広い意味の「学力」に含めてもいいのですが、正解を早く正確に当てる情報処理力と対比するために、右側に置きました。これについては、のちに詳しく解説します。

学力がなければ上手にググれない

AI×ロボットに事務処理の仕事が取って代わられていくことはよく知られています。

では、人間には情報処理力が必要なくなるのでしょうか?

未来社会を生きる君たちに、基礎学力は不要になるのか?

よく言われるのは、知識はすべてネット上に蓄えられるから、もう覚える必要がないし、忘れてしまってもググれば(グーグルで検索すれば)いいということ。あるいは、Siriのような音声認識ソフトに話しかければ何でも教えてくれる未来は近いから、記憶力を鍛えても意味がないという意見です。

たとえば、コロンブスがアメリカ大陸に到達したのは1492年のことですが、それを「イヨーッ(14)、国(92)が見えた!」なんて覚える必要はもうない、と。

たしかに、そうかもしれません。

ただし、コロンブスのアメリカ大陸到達が世界にどういう影響を及ぼし、ヨーロッパの国々の力関係がそれによってどう変化したのか、あるいは、その影響がのちに日本やアジアにどう波及したのかを調べようとするとき、世界史と日本史の基礎知識なしに探索することは不可能でしょう。ググればいいと言っても、ググるときのキーワードや、キーワードの結びつきのイメージは、基礎学力がなければ思いつかないでしょうから。

さらに、膨大な資料のなかから有用なものを探り当て、優先順位をつけて読み、自分の知識として吸収したり、他人に読ませるものとして記述しようとするときは、情報を早く正確に処理する情報処理力が欠かせない。

逆に情報処理力が低いと、図書館よりはるかに膨大なネット上の情報の洪水に押し流されてしまいかねません。

目の前に問題が出されたとき、その問題を考える力の7割が「情報処理力」、あとの3割が「情報編集力」だと思ってもらっていいと思います。

のちのち、サラリーマンや公務員の仕事でも、この7：3の原則が生きてきます。

たいていの仕事では「処理」的な部分が7割以上で、経理でも、広報でも、営業でも、こうした処理仕事を早く正確にこなせるのが仕事のできる人の必要条件になります。経験したことのない人には意外かもしれませんが、一見、クリエイティブに見える広告や新規事業開発、あるいはテレビ局やネット放送局の仕事でも、じつは7割以上（下手をすると9割）が処理仕事だったりするものなんです。

あとの3割は、「正解」が1つではない課題に対してどんなアプローチができるのか、どれだけ納得できる解を導けるかの勝負です。これが仕事のできる人の十分条件。情報編集力側の力です。

仮に会社や役所のすべての処理仕事がAI×ロボットに置き換わったとしても、そのAI×ロボットに仕事を命じ、彼らをパートナーとして働く君たちは、相変わらず「考える」作業が欠かせないはずです。そうでないと仕事のイニシアチブ（自分が主人公で仕事を進める感覚）が持てません。

であれば、情報処理力が必要なくなることはないと思うのです。

「偏差値はいらない」はウソ

別のたとえをしてみましょう。会社の機能として、ITを外部委託して内部にIT系人材を育てなかった場合、外部パワーをうまく使いこなせなくなることが知られています。デザインの領域でも、内部にデザインのわかる人材を育てずに高いお金でデザイナーを雇っても、一流の仕事はさせられない。これと同じです。

僕の知り合いの子どもには小学校に行かないで学んでいる子もいますが、その場合でもネットで学ぶだけでなく、大人とのひんぱんなコミュニケーションによって基礎的な文章力を鍛えていることがうかがえます。メールの文章にそれが現れますから。

また、テレビを見ていてもわかると思うのですが、解説がうまいコメンテーターは、池上彰さんの例を挙げるまでもなく、メチャメチャ勉強しています。演出家のテリー伊藤さんも「僕はあんまりテレビ見ないんだけど、本はすごく読んでるの」と言っていました。

結局、情報量の勝負なんですね。ディベートで意見を戦わせる場合も、ビジネスの交渉の場面でも、客先でのプレゼンでも、小手先の見せ方ではなく、圧倒的に知識のあるほうが勝つんです。より説得力があるからですね。

意外かもしれませんが、デジタルで表現する時代になってもそれは変わりません。現にＳＮＳやメールでの文章にその人が蓄積した情報量や教養が現れますし、人の意見をコピペばかりして考えていない人の文章には、浅はかさがにじむものです。

つまり、**学ぶ場は必ずしも学校だけではなくなるけれど、情報処理力を鍛《きた》えることは相変わらず大事だということ。**

わかりやすい言葉で言えば、やはり「学力」は高いほうがいい。

全国での自分の学力の位置を表す「偏差値」という指標も、低いよりは高いほうがいいでしょう。ただし、これは図表8（41ページ）でいう左側の情報処理力に限られる指標ですから、偏差値一辺倒ではダメだという指摘は正しい（試験が右側の情報編集力も問うている場合には、偏差値は右側の一部も含む指標になりえます）。

土台となる基礎的人間力や右側の情報編集力を鍛えて、偏差値を超えた「脱・偏差値」の力を持つことは大事だと思いますが、**一部の教育評論家がよく言う「偏差値はいらない」という意見は、僕にはロマンチストの戯言《たわごと》に聞こえるのです。**その偏差値の高い学校を出た評論家ほど、そういうことをよく述べる傾向がある。

でも、情報処理力（狭い意味の学力）については、これ以上の指標が見つからないし、長年使い込まれてきた指標ですから、これはこれで道具として生かしたらいいんです。

知識を積み上げて視野を広げよう

また、基礎知識がないと視点が低いままになりますから、目の前に障害物があると向こうまで見通せません。

僕はいつも生徒たちに実体験でシミュレーションをさせます。まず、椅子をどけて机の後ろに隠れるようにしたときには、前がどうなっているかも見えません。世の中は見えないままだし、この状態で何かを判断するのは危険です。君たちはまだこういう状態かもしれないね、と。

次に知識を積み上げて（学力を上げて）机から顔を出すようにすると前が見えるようになります。でも、まだ見通せるわけではない。前の子の後頭部しか見えないでしょう。さらに椅子を戻して座って見ると、もうちょっと視界が開けます。

もっと知識を積み上げて立ち上がったらどうでしょう。前に座っている友だちの頭の向こうに、教室全体を見通すことが可能になります。視点が上がることで、視野が広がり、世の中が見えやすくなりました。これなら、総合的に判断することもできそうです。このように、知識を積み上げて視野を広くすることは、人生における選択の幅も広くします。

だから、**まだどっちの方向に自分の人生を振るか、どんな仕事をするかを決めていないのだったら、まず学力を上げておくしかない。**それが、どんな職業に就き、どんなキャリアを積み上げていくかの決定を先送りする最低限の条件になります。特別な才能がないのだったら、勉強して情報処理力を鍛えておきましょう。

もちろん、人生や仕事の選択のように大きなことでなくても、生活のあらゆる局面で、課題を解決するためには多くの情報にアクセスして整理する必要があります。たとえばコーヒー豆を選ぶにも、アパートを探すにも。集めた情報のなかから優先順位の高いものを選び取るには情報処理力が高くなければできません。

「情報処理」プロセスが速く「時短」が図れれば、これから説明する「情報編集」の

ために時間をかけることができる。考えを深め、より納得できる選択をする余裕ができるんですね。

これが鍵です。

会社の経営でも同じことが言えます。

社員がしている情報処理の仕事をなるべくIT化（AI×ロボット化）して、社内の人材の多くを情報編集側に寄せれば、その人材から知恵と技術（さらなるコストダウンやスピードアップ、新規事業のアイディアなど）が生み出されるから、商品やサービスの付加価値を高めることができるということ。

図表8（41ページ）の左から右へのシフト（処理から編集へ）は、儲かる会社の条件でもあるのです。

君たちが就職先を選ぶときには、これができている会社かどうかを見極めるといいと思います。

学校に通っている、いないにかかわらず、まず、自ら勉強することが情報処理力を鍛える早道になるという話をしました。

2 情報編集力をゲットしよう

正解がない時代に必要とされる能力

1＋2＝3とか、微分・積分の問題を解くのは、早く正確に「正解」を当てる力、すなわち情報処理力です。これに対して**情報編集力**は、正解がないか正解が1つではない問題を解決する力だと述べました。

文部科学省ではこれを「思考力・判断力・表現力」と表現することがありますし、経済産業省では「社会人基礎力」と呼んだり、経済界では「問題解決能力」と呼んだりしています。

教育政策のデファクト・スタンダード（世界標準）を追求するＯＥＣＤ（経済協力

開発機構）では、こんな表現もされています。

「日常の知識を得ることはデジタル化・外注化されるから、むしろ自分自身の考え方、創造性、批判的思考（クリティカル・シンキング）が問題解決や判断の鍵を握る。他人とのコラボレーションやチームワークといった協働的な働き方がより重視されるようになるので、ＩＣＴ（情報通信技術）などの社会文化的ツールを使いこなして、いかに世界と関わりあえるかが重要になるだろう」と。

世界最高レベルの教育研究者たちが難しいことを言っているように聞こえますが、ようは、これから大事なスキルは次の3つだということ。

①Information and communication skills
②Thinking and Problem-solving skills
③Interpersonal and self-directional skills

他人と協働するための「communication」と、自分自身で考え試行錯誤する「Thinking and Problem-solving」が大事だということがわかりますよね。

僕が情報編集力と呼んでいる力は、これらの能力を含めた5つのリテラシーで構成されますが、細かいことはのちに解説します。

正解を当てるだけなら情報処理力だけで対応できるけれど、**正解がどんどんなくなる成熟社会の問題解決には情報編集力が必須だと理解してください。**「なんとか力」「なんとか力」「なんとか力」とたくさん覚えるより、ひと言で言えたほうがはるかにラクですから。

「編集」ってどういう意味?

なぜ「編集」という言葉を使うのかにも、触れておきましょう。

たとえば、この本を出版する仕事について考えてみてください。この本は「AI×ロボット化がどんどん進めば、多くの事務仕事は消滅する運命にある。そんな時代にも通用する力をつけるためにはどうしたらいいのか?」という問いかけに答える形で出版されました。カギカッコ内のメッセージを、ビジネスの世界では「コンセプト」と呼びます。

では、グーグルにこのメッセージを入れると、自動的に世界中から関連する文章が選ばれて、それが優先順位順とか読者対象別に章立てられ、本ができ上がるでしょうか?……できませんよね。関連した情報の断片はたくさん集められると思いますが、いまのところ、本を自動生成するわけにはいきません。

また、出版社が情報を集めて整理・加工しただけでは、やはり本にはならない。どの著者にこのメッセージを書かせるのか。何を強調すべきか。読者はどこまで細かい情報を読みたいのか。一番アピールする切り口は何か。著者の知識をどのようなデータで補えば説得力が増すか。それをどのように並べ替え、どこにグラフやイラストを配置し、どのような表紙デザインにして売り出すのか。

そのすべてが、通常は「編集者」と呼ばれる人の肩にかかってきます。

本を作るには、情報処理力を発揮してリサーチしたり、著者に片っ端から当たったり、企画会議を通る企画書を作ることがまず必要ですが、途中からは情報編集力を発揮しなければ完成しません。

初めから正解があるのではなく、コンセプトを実現できるよう試行錯誤しながら仕上げていく仕事なんです。納期までの間に編集者と著者が納得できるまで内容を詰めるから、正解ではなく両者が納得できる解、つまり「納得解」を紡《つむ》ぎ出したことになるのです。

だから、正解のない問題に対して試行錯誤しながら「納得解」を作り出す力を、本の編集の仕事に象徴させて「情報編集力」と名づけました。

入社試験で考えよう

理屈はこれくらいにして、情報編集力の具体的な問題を挙げれば、君にも納得してもらえるでしょう。「ああ、なるほど！　最近はこういう問題が世の中で問われるようになっているんだ」と。だから、情報処理力だけに偏った教育ではもうヤバいんだな、と。

まず、ある会社の入社試験でどんな問題が出されたかを見てみましょう。

一対一やグループ面接、集団討議でのお題です。

①「あなたが『はとバス』を運行する会社に入社したと仮定して、東京を1日で巡る印象的なツアーを企画しなさい」

「はとバス」の企画担当者のロールプレイですね。

東京という都市を編集する情報編集力が問われます。

②「フリーマーケットで時間と場所が与えられたら、あなたはどんな店にしますか?」

フリマのシミュレーションです。君の趣味が問われますし、価値観があからさまにもなる。たとえば、懐かしい遊具といったコンセプトで友だちから集めるのもいいかもしれません。「スイマセン、時間があれば、あるテーマでネットを使って集めてもいいんでしょうか?」と質問すれば、その質問自体に情報編集力があると評価されることでしょう。

③「スクールバスがあなたの前に停まりました。このバスにゴルフボールをいっぱい詰め込んだとすると何個入るでしょうか?」

グーグル本社で出題されたというウワサの問題です。この問題に科学的に答えるには、バスの内容積を推定してゴルフボールという球体が何個収まるかを複雑な計算式で瞬時に導く天才性がいるかもしれません。

しかし一方で、「スクールバスには子どもたちが乗っているわけだから、詰めようとしても実際には、面白がって投げ返されて1個も積み込めない」というトンチの利いた答えも認められるようなのです。真偽はともかく、今後の先進企業の面接では、あの手この手で情報編集力の高さが問われることは間違いないと思います。

次に、僕が講演でよく使うお題を3つ示しておきましょう。

いずれも、暗記や処理では解けない、成熟社会特有の問題です。君自身の情報編集力を起動させて、気軽にゲームのように推理してみてください。

お題(1) 食品ロス問題

これは、一条高校の始業式で話した話題です。

問題
1500万人が餓死《がし》する世界の現実に対して、日本では1日1500万食が捨てられると言います。これをなんとかマッチングして、世界中から飢餓《きが》を撲滅《ぼくめつ》することはできないのか?

1人で「ウ～～ン」と唸《うな》りながら考えてもいいけれど、僕がやっている「よのなか

科」(73ページ参照)の公開授業では、生徒と参加した大人を交ぜて3〜5人でブレーンストーミング(以下、ブレスト)をします。みんなで知恵を出し合い、脳をつなげるようにして良いアイディアが出るようコミュニケーションするわけです。情報編集力の練習には、協働性(考えの異なる他者とチームを組むこと)が欠かせないからです。

ブレストのコツは、最初のひと回りくらいは、わざとバカなアイディア、とんでもない案、とても不可能だと思われる意見を出し合って笑うこと。そうすると「ああ、そんなんでいいのか……」と皆がリラックスして脳がつながりやすくなります。

脳がつながると面白い案が出やすくなって、化学変化が起き、すごいアイディアになることがあるんです。普通の人は、普段はたいていアタマが「正解主義」モードになっているから、問題を出されると、ついつい正解を出そうとしてしまう。今回の出題のような、正解のない問題にもかかわらず、です。

その理由は、日本の教育が正解主義に偏っているからです。この本を読んでいる君にも、そのような呪縛《じゅばく》がかかっているはずですよ。気をつけてくださいね(笑)。

正解っぽい案というのは何より面白くないし、脳を活性化させないからブレストが盛り上がらない。すぐに考えつく正解っぽい案なんて、もう世界中では100万人が考えていて、1万社が試しているから、300社くらいが試行錯誤ののち失敗しているでしょう。そのうち3社でも成功していれば、もう商品化されているはずです。

だから、思いっきり外した案から考え始めて、正解主義モードから脳を解放し、アタマを柔らかくしてアイディアを出す必要がある。

大人の皆さんも、処理仕事で硬くなったアタマを柔らかくする練習だと思って、チャレンジしてみてください。

僕は一条高校の始業式では、こんなふうに話を切り出しました。

「いきなりですが、いま世界では1500万人が飢えで死んでいます。世界人口73億人のうち8億人（9人に1人）が飢餓状態にあると言われ、そのうち1500万人の赤ちゃんや子どもが食べるものがなくて餓死します。

さて、君たちにこの問題を解決してほしいと言われたら、どうしますか？

あまりにも大きな問題なので、まったく手がかりがないかもしれませんね。だったら、次のような話を聞いたあとなら、どうでしょう？

じつは、日本では1日に1500万食の食材が廃棄されているんです。君たちが食べ残したものだったり、コンビニやスーパーの売れ残りだったり。

一方で、世界では1年に1500万人の子どもたちが、食べ物がなくて死んでいく。その一方で、1日に1500万人分の食料を余らせている国がある。

これ、余っている分をたちどころに送れたら、餓死することを防げますよね。

いま君たちは、たぶん、「校長何言ってんの？　運べるわけないじゃない」と思っていることでしょう。でも、もし、こんな技術が開発されたとしたら、どうかな。

たとえば、余った食材を瞬間的に冷凍して粉にする。栄養分を破壊しないようにして、ビタミンとかカルシウムとかに分け、その粉を高速で移動させればいい。電車が通るような大きなトンネルでなくていいので、大陸間に小さな穴を掘って日本とアジア、アフリカを結び、カプセルに入れたこの栄養分たっぷりの粉を空気圧で高速で運ぶ。

「校長、なにアホなことを言ってるの」と笑うかもしれませんが、リニアモーターカーだって20年前には夢のまた夢だったし、君たちがいま手にしているスマホだって10年前のスーパーコンピュータ並みの性能が実現しているんです。

いま、夢物語で語られているロボットやサイボーグ技術のほとんどすべてが、2

030年頃には実現していることでしょう」

お題(2) 走れメロス問題

これは教員向けの講演でよく例に出す問題です。たいていの人は、太宰治の『走れメロス』を読んだことがあるのではないかと思います。

「悪政を行う王の暗殺を企《くわだ》てたメロスは、捕まって処刑されることになったのですが、親友を人質に3日間だけ待ってもらい、村で行われる妹の結婚式に出席。その後、苦難の末に約束の日没までに戻ってくる」という物語です。要約を載せますので、読んでみてください。

村の牧人メロスは、妹の結婚式に使う品々を買い集めに、シラクサの町を訪れました。

町全体が暗く静まり返っている理由を町民に尋ねたところ、人間不信に陥ったディオニス王が多くの人々を処刑していると告げられます。

メロスは激怒のあまりディオニス王を殺そうと城に向かいますが、警吏《けいり》に捕まり処刑されることになりました。

メロスは、たった1人の肉親である妹の結婚式を何とか挙げようと、竹馬《ちくば》の友セリヌンティウスを人質に置いていくことを条件に、刑の執行を3日後の日暮れまで待ってほしいと直訴しました。

ディオニス王は、メロスが帰って来るはずがないと考えましたが、セリヌンティウスを殺すことで人を信じる愚かさを町民たちに知らしめようと思い、その願いを聞き入れたのです。

メロスは一睡もせずに村へ戻ると、その翌日には妹の結婚式を盛大に行いました。その後、眠りについたメロスが目覚めたのは、約束した3日目の早朝のことでした。日暮れまでには、十分に到着できる——。メロスは城へ向けて旅立ちましたが、途中で川が氾濫《はんらん》して橋が流れ落ちたり、山賊《さんぞく》に襲われたりといった苦難が相次ぎ、膝が折れて倒れたまま城へ戻ることを諦めかけてしまいました。

そんなとき、ふと、すぐ近くの泉の湧き水を口に含むと、疲れが癒《いや》され、かすかな希望が見えてきました。メロスは立ち上がると、再び走り始めました。野原を駆け抜け、小川を飛び越え、死力を尽くして走り続けました。親友のセリヌンティウスの命を救うために……。

メロスが城に到着したのは、まさに太陽が地平線に沈み、最後の残光さえも消えようとしていたときでした。

メロスとセリヌンティウスは、それぞれ一度だけ親友を疑ったことを告白し合い、抱き合って涙を流しました。それを見ていたディオニス王は深く心を打たれ、人を信じる心を取り戻したのです。

普通、教室で行われる国語の授業だと、次のようになるのではないでしょうか？

（かなりデフォルメしていますが……）

まず、全員でこの物語を読み合わせたうえで、ある場面での主人公の気持ちや、ある表現に込められた作者の意図を読み解きますよね。たとえば、「帰り道にやっと川まで辿り着いたとき、あるはずだった橋がなくなっていたときのメロスの気持ちはどんなだったかな?」という具合です。

このとき、よく教員がやるのは「わかる人? 手を挙げて」という問いかけ。すると、手を挙げ慣れている成績優秀者5人くらいと目立ちたがり屋の3人が例によって手を挙げます。この瞬間、たぶんほかの生徒の脳は働いてはいないでしょう。

これが、常に正解を問いかける「正解主義」型授業の欠点になります。

授業でこうした読解を行ったあと、試験で出るのは次のような四択問題かもしれません。「帰り道に氾濫で橋が流失した川を目の前にしたときのメロスの気持ちに一番近いものを次の4つのなかから選びなさい……イ、ロ、ハ、ニ」という感じ。

僕は講演ではよく、「こうした正解主義型の授業や四択問題が繰り返されると、子どもたちは人生全般の大事な選択の局面で、どんな態度を身につけてしまうと思いますか?」と大人たちに問いかけることにしています。四択問題を何百問、何千問と解かせると、どんなクセがついてしまうか、ということ。

無意識に先生方が生徒にしている「刷《す》り込み」に気づいてもらうためです。

そうです。まず第一に**四択問題の選択肢はいつもほかの人が提示してくれるという**

態度ですね。この場合には、先生が「イ、ロ、ハ、ニ」をすべて準備してくれています。

現実の社会では、この選択肢のことを「仮説」と呼びますが、実際には「イ、ロ、ハ、ニ」のすべてを自分で設定する必要が出てきます。誰かが必ず与えてくれるわけじゃない。

「このお店の売上が思うように上がらないのはなぜか？」という問いかけに対しては、「品揃えが悪い」のか「店員の販売技術の問題」なのか「宣伝が足りない」のか「店の内装がダサい」のか……もっと徹底的に仮説を出して検証する必要があるのです。「イ」かな「ロ」かなと試行錯誤するうちに、当初はまったく予想していなかった「B」が納得解だったということもよく起こる。たとえば、「価格が高すぎて、出店した場所の客層に合っていない」などです。

実社会では、自分で仮説を導き出し、あれこれ試行錯誤しながら問題解決してくれる人材を求めていますから、仮説は他人が与えてくれると思い込んでいるのはちょっとマズイんです。

もう1つの強烈な刷り込みは何でしょう？

それは、**4つの選択肢のなかに必ず正解があると思い込んでしまうこと**です。**正解主義**の呪縛ですね。

いま述べたように、「イ」かな「ロ」かなと試行錯誤するうちに、じつは「B」だったということは当たり前に起こります。アタマを柔らかくして、どんどん仮説自体を修正していかなければならない。これを**修正主義**と呼びます。

でも、君たちが、いきすぎた正解主義教育を受けて、それを宗教のように受けとめているとしたら、どうでしょう。デパートに商品が完成品として並んでいるように、正解が必ずあるという思い込みで生きているとすれば……ちょっとコワイですよね。

就活で「目指すA社、B社、C社、D社のなかに、自分にピッタリの会社が必ず1社ある。自分を生かしてくれるベストな会社、つまり正解な会社がある」と勘違いしてしまいかねません。実際、勘違いしている大学生はいっぱいいるはずです。

正解な会社なんて、あるわけないじゃあないですか。

会社も変化するし、君自身も変化します。ましてや高校生だったら、あと5年から10年の間にドンドン知識や技術を吸収して成長するでしょう。一方、会社だっていつ外資系になるとも限らないし、ネットの波に乗れなかったら即アウトかもしれません。

変化するもの同士が無限にベクトル合わせをして、試行錯誤のなかであるべき姿を探る。それが仕事というものです。

入社した会社が自分にとっての正解だなんて思うから、半年もせずに居心地が悪くなって「アレッ、ちっとも正解じゃないじゃない」ということに。3年以内に3割やめる風潮は、こういうところからも来ているわけです。

さて、このへんで本題に戻りましょう。

君も、今度は教員になったつもりで、『走れメロス』を題材に次のような問題の答えを探してみてください。

問題

もし、君が教員で、生徒たちの情報処理力側ではなく、情報編集力側を鍛える授業を受け持ったとしたら、どんな授業を仕掛けますか？

正解主義の授業で正解を求めるのではなく、「修正主義」の授業で「納得解」を求める授業です。ブレストでもディベートでもいいと思います。できたら、「複眼思考（クリティカル・シンキング）」が鍛えられたり、イマジネーション（想像力）を養える授業になるといいですね。生徒同士が協働的に考えられるテーマであることがミソです。

ただし、同じ『走れメロス』を使ってです。

いろんなパターンの答えがあっていいのですが、僕ならこんなふうに進行すると思います。

『走れメロス』というのは、完璧な「間に合った！」というストーリーですよね。だから、もしメロスが間に合わなかったとしたら、何が起こっただろうか？……を生徒たちに考えさせるようにすれば刺激的です。明らかに正解と思われる常識や前例を疑う「複眼思考」が身につきそうでしょう。

君はどう考えますか？

読み合わせたあとの生徒への問いかけはこんなふうになります。「メロスが日暮れまでに間に合わなかったら、王は約束通り、即刻人質の親友を処刑したでしょうか？」

たしかにそれは簡単かもしれませんが、広場に群衆も集まっているようですから、暴動も起こりかねない。でも、そうかといって別の条件を出して親友と取引をするのは、王にとってどうでしょうか？

「もうちょっと待ってみようか」では、王の権威が損なわれますね。だいたい何分待つんでしょうか？……正確な時計もスマホもないんですから。

親友に捜索に行かせますか？　兵をつけてでしょうか？

このディベートは盛り上がりそうですし、議論を深めれば、たぶん「信頼とは何か？」を深く考える授業になりそうな気がします。

数年前、愛知県の中学2年生が「メロスは本当に走っていたのか？」を研究したレポート、「メロスの全力を検証」がネット上で大変話題になりました。

この研究では「メロスは走っていなかった」と結論づけているのですが、**実社会が必要としているのは、このような常識、前例、決まりごと、風評、神話に疑問を持って、根底からそれを疑い、新たな仮説を提示できる人材です。**

大事なことなので何度でも繰り返しますが、自分で仮説を生み出し、試行錯誤するなかで、問題解決まで持っていくタフな人材が求められているのです。

お題(3) 片手で食べられる「かき氷」問題

この問題は、一条高校での茂木健一郎さん、三枝成彰さんと実施した「よのなか科」授業(エンジン01文化戦略会議出張授業)や、オープンスクールの学校説明会で出して評判になったものです。

君たちは、「かき氷」が好きですか?

いま、ブームだって知ってましたか?

大好きな人には一所懸命、考えてもらいたい問題です。

「かき氷」を食べるとき、普通は器に盛ってある氷のほうを左手で持って、右手のスプーンで食べますよね(左利きの人は逆かもしれませんが)。器とスプーンがあるから、どうしても両手がふさがります。だから、食べながらスマホは使えない。

もし「かき氷」を食べながら、LINEで返事を書いたり、YouTubeを観られたら便利だと思いませんか?

つまり、片手で「かき氷」が食べられるイノベーションが起こったら、若いファンを中心にますます「かき氷」がブームになる可能性があるわけです。

では、君なら、どうやって「かき氷」を片手で食べられるようにしますか?

仲間と何人かで知恵を出し合ってみてください。そう、1人でウンウン唸《うな》っているより、この問題もブレストするといいですね。

実際、僕の授業では、ここで1~2分の時間をとってブレストしてもらいます。ちょっとこの本から目を離して、いまいる場所の壁に貼ってあるポスターを眺めたり、天井を見たり、窓の外の景色や看板にそれとなく視線を泳がせてみましょう。電車のなかにいるなら中吊り広告をなんとなく見たりして、ヒントを探すのもいいと思います。

自分の部屋だったら、本棚をそれとなく眺めながらとか。本のタイトルって、けっこうヒントになったりしますからね。

目から脳に刺激を加えて、1人ブレストをするわけです。

じつは、このブレストを長く社員の間で続けて、ついに新商品を開発しちゃったメーカーがあるんです。

それが赤城乳業という埼玉にある会社。

そう、中高生が大好きで、よくコンビニで買うアイス……あの「ガリガリ君」こそが「片手で食べられるかき氷」だったんですね。

まわりを硬い氷で包んで、なかに「かき氷」のようなやや軟らかい氷を入れる。言えば簡単ですが、この硬さと軟らかさの兼ね合いを絶妙にするまで、相当苦労したようです。だって、ガブッとかぶりついた瞬間に外側が硬すぎたらいやだし、軟らかすぎたら崩れて中身が床に落ちてしまう。中身の食感や味にもこだわらなきゃいけない。

でも、年間4億本以上の大ヒットになったのは、この試行錯誤が効いたからでしょう。

包装のマスコットキャラクターが可愛いと関連グッズが1人歩きを始めたり、コーンポタージュ味という変わり種が発売されたり、「ガリガリ君」を差し込んで手回しでアイスから氷に戻すおもちゃが発売されたり……その後の展開も面白かった。

ちなみに、この会社が一番大切にしているコーポレートスローガンは「あそびましょ。」だそうです。

よのなか科

典型的な「情報編集力」養成型の授業。

１９９８年に出版された『人生の教科書［よのなか］』（現在は文庫化されて『人生の教科書［よのなかのルール］』ちくま文庫）がベストセラーとなり、高校の先生たちがこれをネタ本に授業化し始めたので、著者が２０００年から普及を図っている。

２００３年からは杉並区立和田中学校で、保護者を含む地域社会の大人を参加させ、生徒との「ナナメの関係」を育むスタイルが定着した。

授業というよりはワークショップのようなスタイルでコミュニケーションを重視するから、アクティブ・ラーニング型授業の手本となった。ハーバード大学のマイケル・サンデル教授の「白熱教室」を普通教室でやる感じになる。

主に「考える」手法を養成するプログラムだから、「正解」のない成熟社会特有の課題を扱う。授業スタイルの詳細は図表10（92～93ページ）を参照。

3 グローバル時代を生き抜く5つのリテラシー

英語が話せればグローバルなのか?

「グローバル」という言葉が、たいへん乱暴に使われています。

未来に必要な力を表現するマジックワード（決め言葉）として、それこそ、グローバルと言っておけばいいじゃないかというように、どこにでも登場する。グローバルなんとかスクールとか、グローバルなんとかカンパニーとか。「私たちが採用し、育成したいのはグローバル人材です」とか……。

では、グローバルな人材になるには、どんな条件が必要なんでしょうか?

もし、「英語が話せればグローバル」なんだとすれば、英検で何級以上、TOEFLやTOEICなら何点以上がグローバルで、何点以下だとグローバルじゃないのでしょうか?

僕はこう考えています。

次の5つの「リテラシー(作法・振る舞い)」が身についている人のことを「グローバルにも通用する人材」と呼ぶのだろう、と。

リテラシーというのは、もともとは「文法」という意味ですが、国際標準の知恵と技術というような意味づけでOECDなどで使われています。

①コミュニケーション・リテラシー(異なる考えを持つ他者と交流しながら自分を成長させること)

②ロジカルシンキング・リテラシー(常識や前例を疑いながら柔らかく「複眼思考」すること)

③シミュレーション・リテラシー(アタマのなかでモデルを描き、試行錯誤しながら類推すること)

④ロールプレイ・リテラシー(他者の立場になり、その考えや思いを想像すること)

⑤プレゼンテーション・リテラシー(相手とアイディアを共有するために表現すること)

積み重なる経験によって獲得され、頭のなかで「思考」したことをもとに「判断」され、行動で「表現」されるべきものなので、能力や技術ではなく「リテラシー」と表現しています。

これなら、知識を教えられた通り受動的に（パッシブに）吸収するだけでは身につかないし、主体的・能動的に（アクティブに）取りにいかないといけないというニュアンスも伝わるのではないでしょうか。

この5つの要素は、そのまま**情報編集力**の必要条件でもあるので、**情報編集力**を作法や振る舞いとして身につけた人は、グローバル人材なんだとも解釈できるでしょう。

なお、1つひとつのリテラシーに対応した具体的な授業例は紙面の関係で載せられませんので、高校生でも読める『たった一度の人生を変える勉強をしよう』（朝日新聞出版）をあわせて参考にしてください。

ここで再び、41ページの図表8をご覧ください。

学校では、主に左側の教科を学び、知識と技能を身につけて情報処理力側を鍛えますよね。これは狭い意味の「学力」を高めるためで、基礎学力を身につけることは10年後も相変わらず大事だと話しました。

しかし、今後、正解のない問題が多くなる成熟社会が深まれば深まるほど、右側の思考力・判断力・表現力に関わるリテラシーが重要になっていきます。

44ページで「目の前に問題が出されたとき、その問題を考える力の7割が「情報処理力」、あとの3割が「情報編集力」だと思ってもらっていい」と書いた通りです。

大ざっぱに言えば、**2020年代中に、世の中で必要とされる能力が、いまの左側偏重から右側にシフトしていき、情報処理力：情報編集力が7：3くらいになるだろう**ということなのです。

「インプット」と「アウトプット」

この左右のバランスの変化を、学校で習う教科の学習（インプット）と、実社会で必要とされる力（アウトプット）の対比として、こんなふうに言い換えることもできます。

①学校では国語や英語の成績が大事だけれど、社会でこれからもっと重要になるのは、他者とつながるための「コミュニケーション・リテラシー」。逆に言えば、国語や英語を教科として学ぶのは、こうしたリテラシーを身につけるための基礎でもあるということ。
②学校では数学（算数）の成績が大事だけれど、社会でこれからもっと重要になるのは、論理思考するための「ロジカルシンキング・リテラシー」。数学を教科として学ぶのは、論理的に考えられるアタマを育てる準備でもあるということ。
③学校では理科の成績が大事だけれど、社会でこれからもっと重要になるのは、現象のつながりを実験で試行錯誤しながら推理するための「シミュレーション・リテラシー」。

③は少しわかりにくいかもしれないので、補足しますね。

「シミュレーション・リテラシー」というのは、これが起こったら次はこれが起こるだろうなと勘を働かせる振る舞いのことを言います。推理小説やＳＦが好きな人は得意かもしれません。

典型的なのは気象予報士の仕事。「高気圧と低気圧がこんな配置になっているから、前線がこうきて雨が降りますよ」というような頭の働かせ方のことなんです。

同じように「石油の価格が下がっているからこの会社の業績は良くなるだろう」という証券アナリストの予想もそうだし、「この商品だったら、この棚に置けばもっと売れるんじゃあないか」というように、お店の店長にも必要な振る舞いですよね。過去から現在への流れのなかから、未来の現象はこうじゃないかと自分なりに「仮説」を作り出す力です。

もちろん、その予測が外れたら「なんでだろう？」と考え直さなければならないし、仮説を修正することにもなるでしょう。そうした試行錯誤を繰り返すことが「正解のない成熟社会」では必須になります。

別の言い方をすれば、理科を学ぶのは知識だけでなく、こうしたリテラシーを身につけるための基盤になっているということです。

④学校では社会科の成績が大事だけれど、社会でこれからもっと重要になるのは、さまざまな立場になって考えをめぐらせたり、演じたりするための「ロールプレイ・リテラシー」。

これも、解説が必要ですね。

社会でどんな役割を果たすことになるにしても、その商品やサービスを必要とする人たち（消費者だったり、会社の顧客だったり、住民だったり）がどんな生活をしていて、どんな考え方でどう振る舞うのか、イマジネーションを働かせないと良い仕事はできません。

自分の思い込みだけで商品を作ったり、必要とされないサービスを追加しても、相手は喜ばないので無駄になってしまうからです。

営業マンは、お客様のニーズをロールプレイング（以下、ロープレ）することでつかみます。会社の上司がお客様役になって営業の練習をすることもありますが、**自分がお客様役をやってみると、なぜこの商品をお客様は買わないのか（＝売れないのか）がよくわかるはずです。**

一条高校でもよく大学入試の面接を受ける生徒の練習をやるのですが、その際、面接する側の席にわざと生徒を座らせて、僕自身が応募者を演じて悪い例をやってみせると、生徒は面接官の立場からだとどう見え、どう感じるかを体感することができます。すると、応募者の目線の揺れが大きいだけで、けっこう不審な印象を与えてしまうこともわかってくる。

雑誌の編集長は読者を常にロープレできなければ特集記事がズレていってしまうし、住民生活をロープレできない市長には良い政策は打てないでしょう。

結局、社会科を学ぶのは知識だけでなく、こうしたリテラシーを身につけるための基盤になっているんですね。

⑤最後に、音楽、美術、体育、技術・家庭、情報のような実技教科は、国の側から見れば、日本人として最低限必要な技能・習慣を身につけさせるためのものですが（音楽の時間に国歌の歌唱練習をするとか、体育の時間に整列を繰り返すとか）、視点を変えて個人の側から見れば、自分自身の思いや考えを表現する手段を学んでいるとも言えます。

音楽ならピアノの音や声で、美術ならマンガやデザインや建築で、体育ならカラダで、技術・家庭なら手先の技能として、情報ならパソコンやスマホで、自分の考えや気持ち、感性を表現する「プレゼンテーション・リテラシー」に結びつくのだとわかるでしょう。

音楽という教科を、過去の巨匠たちの歴史を学ぶ教科としてではなく、自分が作曲し表現するための基礎知識と技能を学んでいる教科なんだと考えてみてください。体育でダンスを習っている人は、それが表現行為であることに疑いはないはずです。じつは、国語の書道の練習だって、そういう面がある。

つまり**学校では、このような実技教科の成績も大事ですが、本当に重要なのはそれが表現力に結びつくこと。**言葉や文化が違う人たちとアイディアや想いを共有するためには、そのアイディアや想いを効果的に表現するための「プレゼンテーション・リテラシー」が必須だからです。

情報編集力がないと、これからは生き残れない

ここまでくれば、次ページの図表9の左が「インプット」、右が「アウトプット」の関係にあることも納得できるでしょう。

左の情報処理力側に、国語・英語、数学、理科、地歴・公民、体育・芸術・家庭・情報と並べたのが、知識の「インプット」を行う教科の役割です。

図表9 「生きるチカラ」の三角形②

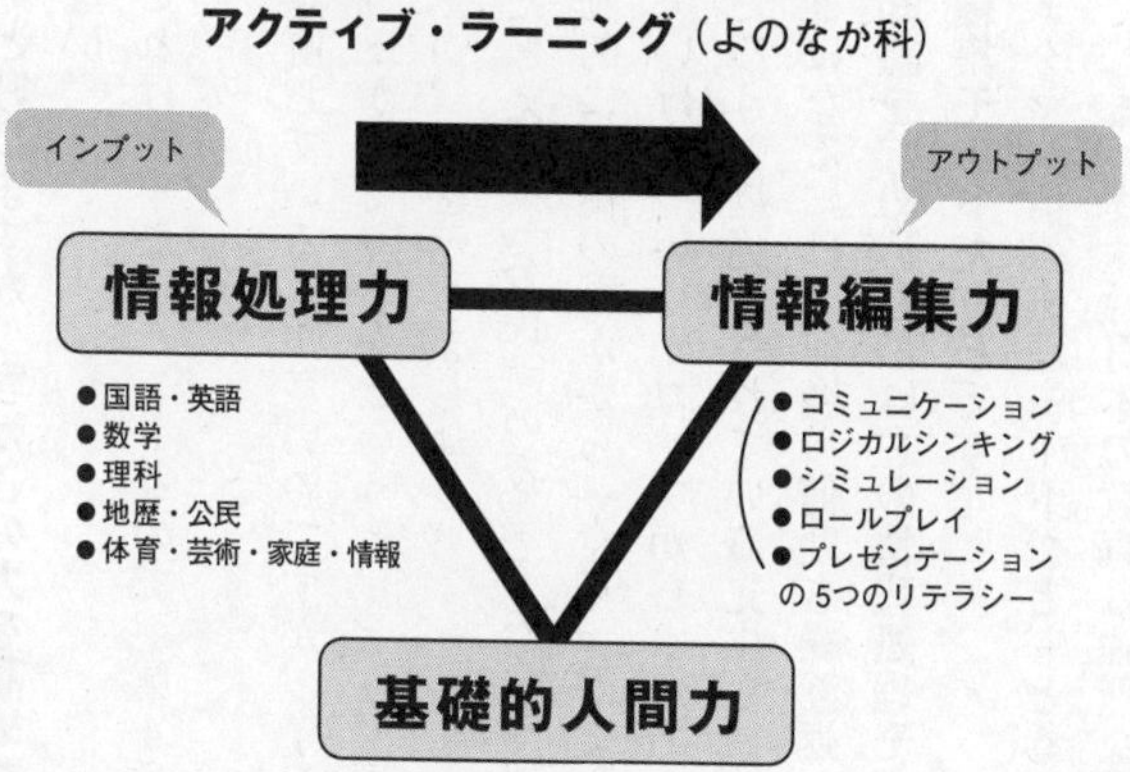

それに対して、右の情報編集力側の5つのリテラシーは、実社会で必要とされ、この10年でますます大事になる「アウトプット」です。

こうしたアウトプットの力は、グーグルやアマゾンのようなリーディング・カンパニーで、いま求められているものです。だから面接では、プレゼンテーション（以下、プレゼン）をさせて創造性の豊かさを確かめたり、グループディスカッションをさせて論理的思考ができるかを観察したり……必死で情報編集力側の力をチェックしようとします。人事部長が求めているのはこのアウトプット力、すなわち情報編集力だと言えます。

「雇われる力」のことをエンプロイアビリ

ティと呼びますが、君がこの力を高めたいのであれば、情報編集力を鍛えなければならない。

これは大事なポイントなので、第4章で詳しく書きたいと思います。

誤解している人が多いのですが、インプット側で知識を入れれば、自動的にアウトプットが出てくるかというと、どうも違うようです。

1つ、例を示しましょう。

たとえば、「公民」の授業でいくら政治・経済・社会の知識をインプットしても、自動的に生徒のなかから「意見」がアウトプットされたりはしません。知識を貯め込んでいけば、いつかコップから水があふれるように、意見というものがあふれ出てくるだろうと勘違いされている先生もいるようですが、それは違います。意見が言えるようになるには、何度も何度も繰り返し、意見を聞かれる練習が必要なんです。

知識を貯め込むのは左の情報処理モード、それに対して意見を表明するのは右の情報編集モードだからです。

アタマが情報処理モードだと、どうしても正解を当てよう、正しいことを言おうとしてしまいます。日本の教育は強烈な正解主義で、正解を少しでも多く記憶させようとする傾向があるからです。

すでに述べたように、記憶力を鍛えるのは大事なんですが、そのままでは意見が編集されてプレゼンに結びつくことはありません。情報処理モードから情報編集モードへの、アタマの切り替えが必要なんです。

そのためには、教室でも、家庭でも、間違っていいんだという空気を作って、何度も子どもの意見を聞いてやる必要がある。意見というのは正解を当てるのではないから、試行錯誤でいいんだ、と。最初は上手く言えなくても当然なんだよ、と。

「よのなか科」の授業では、ブレストやディベートというコミュニケーション手法を多用して、なるべく生徒のプレゼンの機会を増やしています。２０００年から15年以上の実績を通じてわかるのは、とくに男子生徒は、思いはあるんだけれども、最初はなかなか言葉にできないということ。言葉にするだけなら女子のほうが10倍得意です。

男子は、形になるまで時間がかかる。言ってみて、恥をかいて、またチャレンジして、それでもだんだん聞いてもらうことで、言葉の扱い（リテラシー）に慣れてくる。言えるようになってくる。

すると最後には、ディベートが好きになって、もっとやりたいと表明してくれるようにもなるのです。

4　処理脳から編集脳への変換装置

生徒が寝ない授業とは？

知識をインプットすれば、自動的にアウトプットが出てくるわけではないという例として、「知識」というインプットと「意見」というアウトプットのケースで説明しました。

それでは、学校の授業でインプットした「知識」を、そのままアウトプットに変えることはできないのでしょうか？

もうお気づきのように、それが「よのなか科」の授業手法なのですが、最近になって文科省も「アクティブ・ラーニング」という言葉で積極的に推奨するようになってきました。

アクティブ・ラーニングというのは、文科省の難しい定義だと、課題の発見・解決に向けた主体的かつ協働的な学びのこと。高校や大学でこれから普及が図られる授業手法です。

ものすごくやさしく言うと「生徒が寝ない授業のこと」と僕は解説しています。なぜなら、君たちが主体的・能動的に（アクティブに）自分のこととして学習しているときは眠くなるはずがないでしょう?……遊んでるときと一緒だからです。

ところが、先生が教科書を読みあげるだけだったり、板書を写し取らせるだけの授業は、退屈だから眠くなるというわけです。自分に関わりのない他人事だと思ってしまうと、頭が働きませんからね。

もうちょっと気取って言うと、**情報処理脳から情報編集脳への、左から右への変換装置と言えるのがアクティブ・ラーニングという授業手法**です（83ページの図表9参照）。

現在の学校の授業の9割が知識の詰め込みで、1割が主体的に学べる「よのなか科」の授業のようなものだとすれば、それを7：3くらいのバランスに持っていきたい。2020年代中に、日本の未来を担う子どもたちの頭を、情報処理脳から情報編集脳にシフトさせたいというのが本音なのです。

理由は、成長社会から成熟社会に向かうから。「大きいことはいいことだ」「安いことはいいことだ」と、正解が多かった成長社会とは異なり、正解がなくなっていく成熟社会では情報編集力の重要性が増すからです。

正解がないさまざまな状況のなかで、自分の仮説を立て、試行錯誤しながら、自分も周囲も納得できる「納得解」を作り出すには、情報編集力が欠かせない。

アクティブ・ラーニング授業の手本となる「よのなか科」は、このように考える手法を養成するプログラムで、正解のない成熟社会特有の課題を扱います。

ブレスト、ディベートなどのコミュニケーション型グループワークを多用し、ロールプレイやシミュレーションで思考力を駆使して、最後に必ずプレゼンさせることを重視しています。また、一見複雑な問題に対しても、ふせんを使った分類やマインドマップ手法を何度も練習することにより、自分の考えを視覚化する技術を養います。

テーマについては、まず君たちが身近に感じる題材から入り、やがて社会の複雑な問題へのアプローチに誘導していきます。これによって思考力、判断力、表現力が発揮される授業を展開しながら、さらに、部分的に生徒のスマホを積極活用することで、授業が立体的な構成になるようにします。

内容や進行方法は、百聞は一見に如《し》かずで、「スタディサプリ」の「よのなか科」オンライン授業を見ていただければわかりますが、関連書籍も出ていますので参考にしてください。

また、授業の生中継のような手軽な入門書には『たった一度の人生を変える勉強をしよう』（朝日新聞出版）、教師用指導書には『「よのなか」科によるネットワーク型授業の実践　クリティカル・シンキングのすすめ』（東京書籍）があります。

自分ごとで考えよう

アクティブ・ラーニングは、君たち自身が課題を主体的に、自分のこととして考えるのがミソですから、ブレストで知恵を出したり、ディベートで意見を戦わせることになります。

実際、大学などではアクティブ・ラーニングについて勘違いされている向きもあります。講義室の横に自動販売機とテーブル&椅子を置いたスペースを配して、そこで講義が終わったあとに学生がお茶を飲みながら談話できるようにしただけのスペースを「アクティブ・ラーニング・ルーム」と呼んだり（笑）。

そうではなくて、**授業そのものの3割程度に、2020年代中にアクティブ・ラーニングを取り入れる必要があるのです。**

たとえば、英語の授業で、対話を重視しコミュニケーション・リテラシーを伸ばす（これは、もうどこでも普通にやってますね）。国語の授業で演劇を取り入れ、ロールプレイ・リテラシーを鍛える。理科の授業で、天気図やスマホから得た学校の上を流れる雲の動きから、生徒に気象予報士のように天気の変化を予測させ、シミュレーション・リテラシーを強化する。社会科の授業で「安楽死（尊厳死）」の是非を論じ、ロジカルシンキング・リテラシーを伸ばす。美術の授業でオリジナルのスプーンやナイフをデザインさせて（理想的には3Dプリンターで成形したりして）プレゼンテーション・リテラシーを高める。

そんな授業が増えてほしいわけです。「よのなか科」の手法は、相撲や柔道の「型」のようなものですから、それぞれの先生の興味と工夫で、どんな科目でも、どんなテーマでもバリエーションが増殖していけばいいと思っています。

キリがないので例を挙げるのはこれくらいにしますが、実際に「よのなか科」ではどんなテーマを扱っているか、「スタディサプリ」の未来の教育講座（オンライン授業）のメニューを一覧にしておきます（92〜93ページの図表10参照）。

これから始まる「公共」の授業にぴったりの題材もありますから、参考にしてください。

・なんで未来が見えにくくなったか——つなげる力でビミョーな未来を切り拓け
・希少性を高めて「レアカード」になろう——まず100人に1人の存在に
・自分の売りをアピールする——プレゼン練習① つかみを工夫しよう
・マイナスモードを大事にする——プレゼン練習② 失敗や挫折について語ろう
・質問を繰り返して共通点を探る——プレゼン練習③ 相手の話を引き出そう
・面接の練習——ズバリ「面接官はどこを見ているか」その秘密教えます
・エネルギーカーブを描いてみる——人生前半の失敗・挫折・病気がキミの財産に変わる理由

● **社会編**
・子ども部屋は必要か？——「自由と責任」「権利と義務」の関係を考える
・図書館の民営化——図書館が本を販売していいの？
・大学教育の未来——キミは、なぜ大学にいくの？
・東大の推薦入試はどうあるべきか——東大総長ロールプレイ
・体罰問題——暴力と指導の境界線はどこだろう？
・自殺と安楽死を考える——自分のいのちは誰のもの？
・キミの「カラダ」は誰のもの？——医療技術と倫理の相克問題
・キミは少子化問題を解決できるか？——その要因と対策
・キミがもし親になったら——「赤ちゃんポスト」と出生前診断
・キミにとって、「宗教」とは何だろう？

● **起業編**
・キミたちの強みは何か？——未来のものづくりや商品開発に活かそう
・腕時計開発物語——まずイメージを描いて周囲に話してみよう
・あきらめない——唯一絶対の「成功法則」は成功するまで続けること
・「大人のランドセル」開発物語——ネットを通じて味方を募ろう
・誰がその商品を求めているか——マーケティングとイノベーションについて
・商品コンセプトとネーミングの話——ひとことでいうと、それは何ですか？
・商品の価格はどう決まる？——価格と消費税の話
・顧客づくりからはじまる"新しい生産"——大量生産と多品種少量生産の次にくるもの
・資金をどう集めるか？——出資を募る「クラウドファンディング」の知恵
・アイディアを出すには——情報編集力を高める5つの技術を鍛えよう！

図表10 「よのなか科」スタディサプリの51講座 リスト

● **導入編**

・はじめに

● **経済編**

・ハンバーガー店をつくろう①——人の流れをどう読むか
・ハンバーガー店をつくろう②——1日の売上げを推理する
・流行る店、流行らない店——要因分析とブレストのコツ
・商売繁盛の方程式を考える——流行る店の秘密って何?
・ハンバーガーの原価っていくら?——原価と輸出入の関係
・100円の価値——付加価値を考える
・1,000円の価値——価値の質の違いは何?
・ニッポンの時給相場——100倍の差は何故生まれるのか?謎を解く
・お金って何だろう?——値段では見えない価値について
・付加価値を生み出そう——アタマをやわらかくして考える

● **学校編**

・制服の問題をディベートする——あなたは私服派?制服派?
・ケータイ/スマホとどう付き合う?——中毒にならないために
・キミが学校の校長だったら?——リーダーシップを考える
・英語を公用語にすべきか?——世界と日本の関係を考える
・土曜授業は復活すべきか?——学校と地域社会の関係を考える
・先生に通知表をつけるとしたら——教師の役割って何だろう?
・キミの学校に、いじめはありますか?——「いじめゼロ」は可能か
・15歳は大人?それとも、子ども?——大人と子どもの境界線はどこに
・「公平」とは何か?——700/800問題
・夢を実現する方法——キミも天才になれる!?

● **仕事編**

・世の中にはどんな仕事がある?——「ハローワークマップ」を眺めてみよう
・仕事の広がりをイメージする——職業の関連図をつくろう
・自分に合った仕事を創りだす——2つの職種を混ぜた新職種にキミがネーミング

第3章

「遊び」と「戦略性」が情報編集力の鍵になる

1 アタマの回転の速さと柔らかさ

情報編集力はゲーム力

勘のいい君は、とっくに気づいていたかもしれません。

「情報編集力の5つの要素」なんて難しいことを言っているけど、全部、遊びを通じて学べる要素なんじゃやないの？　その証拠に、これってみんなゲームで使うリテラシーなんじゃね、と。

伝言ゲームや手遊び歌のようなコミュニケーション・ゲーム、「テトリス」や「オセロ」のようなロジカル・ゲーム、「シムシティ」や「シムアース」のようなシミュレーション・ゲーム、「ドラゴンクエスト」や「ファイナルファンタジー」あるいは「ままごと」のようなロールプレイ・ゲーム、そして、お絵描きやストリートダンスの対抗戦のようなプレゼンテーション・ゲームというように……。

情報処理力は勉強すれば鍛えられます。学校で教えることの大半がそうであるように、知識を吸収し、正解の出し方を練習すれば情報処理力は高まる。ましてや塾に通って受験勉強をすれば、さらに上がるでしょう。入試が終わるとたちどころに下がってしまうという特性もありそうですが（笑）。

ところが、**情報編集力は勉強しただけで鍛えられるものではない。物事のつながりについての豊かなイマジネーションを育むには、遊びの要素が欠かせないからです。**

情報処理力と情報編集力との関係は、予定調和型で学ぶか、予定不調和（もしくは想定外の物事）から学ぶかという違いがあるのです。正解のある問題への対処力と、正解のない問題への対処力の違いですから。

遊びのなかでは、絶えず想定外の出来事が起こりますよね。そしてその出来事に即座に対処していかなければならない。急に仲間が足りなくなったり、新しい子が入ってきたり、道具が揃わなかったり、いじめっ子が襲ってきたり、雨が降ってきたり……そうした小さな事件に対処できる豊かな機会が、遊びのなかにはある。

例をあげましょう。

5歳の子が積み木遊びをしていたとします。お母さんが夕食のためのお使いから帰ってくるまでに高い塔を作って、「東京スカイツリー作ったよ！」って自慢したいんです。

そこに昼寝から目覚めた2歳の弟が背後から寄ってきます。お兄ちゃんがやってることが面白そうなので自分も何かお手伝いしたい。でも、寝ぼけ眼《まなこ》でお兄ちゃんの足につまずいて、せっかくのタワーを崩してしまいました。

さあ、5歳のお兄ちゃんはどうするでしょうか？

想定外の事件への対処です。怒って弟にお仕置きするのか（別の部屋に閉じ込めて、自分だけでまた作り直すとか）、弟にも手伝わせて別の建物を作るのか……。

どちらが好ましいとか道徳的な問題を論じているのではありません。そうではなくて、遊びのなかでこういうことは無限に起こり、そのつど、子どもはイマジネーションを働かせて自分なりに対処しているんだということを言いたいだけです。

これが自然に「正解」のないケースで「納得解」を導き出す力、すなわち情報編集力を育むのです。

コミュニケーション力のないエリート

情報処理力と情報編集力の関係は、アタマの回転の速さとアタマの柔らかさという対比でもあるのですが、正解のない問題に対してアタマを柔らかくして縦横無尽《じゅうおうむじん》に考える作法は遊びのなかで育まれることに、もう疑問の余地はないと思います。

だから、10歳までにどれほど遊んだか、がじつは大事なんです。

子ども時代に想定外のことにどれほど対処したか、ということ。

よく対談やシンポジウムでご一緒する「花まる学習会」の高濱正伸代表とも完全に意見が一致するのですが、遊んでない人材は伸びない。

子どもの頃に遊んでいない人は発想が豊かじゃないから「伸び代《しろ》」がないんです。

だから、「花まる学習会」では四季の休みごとに野外体験を企画し、そこでの学びを重視します。とりわけ夏休みには毎年1万人以上の子を自然のなかに連れて行き、大人の監視下ではありますが、わざと危険な遊び（たとえば、岩の上から川に飛び込むとか、木登りとか）もさせると言います。

親の世代ならけっこうやったはずの「缶けり」遊びをイメージしてみてください。自分が鬼の場合、缶からどれくらい離れて、隠れているやつらを見つけに行ったらいいのか。あの倉庫の裏に何人、あの木の後ろに何人。そんな空間的なイメージをして、距離を測りながら探しに行きます。

こういう遊びが空間認識を鍛えるんです。

また、鳥瞰図《ちょうかんず》的な世界観は、木に何度も登ったことがないとつきにくいかもしれません。平面図の世界を斜め上から見るとどう見えるのか、高いところに登って同じ風景を繰り返し見たことがなければ実感できないでしょう。

こうした遊びのなかで獲得する空間認識が、図形や立体の問題を解くのに大事なんだそうです。図形問題を見たときに、問題を解く鍵になる接線や補助線が想像できるかどうか。円と円があったら、その円同士の接線を見出したり、多角形のなかにいつも三角形となる補助線を引く力のことです。

このように、情報編集力を起動させるイマジネーションは、遊びのなかで育まれます。

だから、情報編集力の基盤になるのは、こうした子どもの頃の遊びが十分にできて

図表11　「生きるチカラ」の三角形③

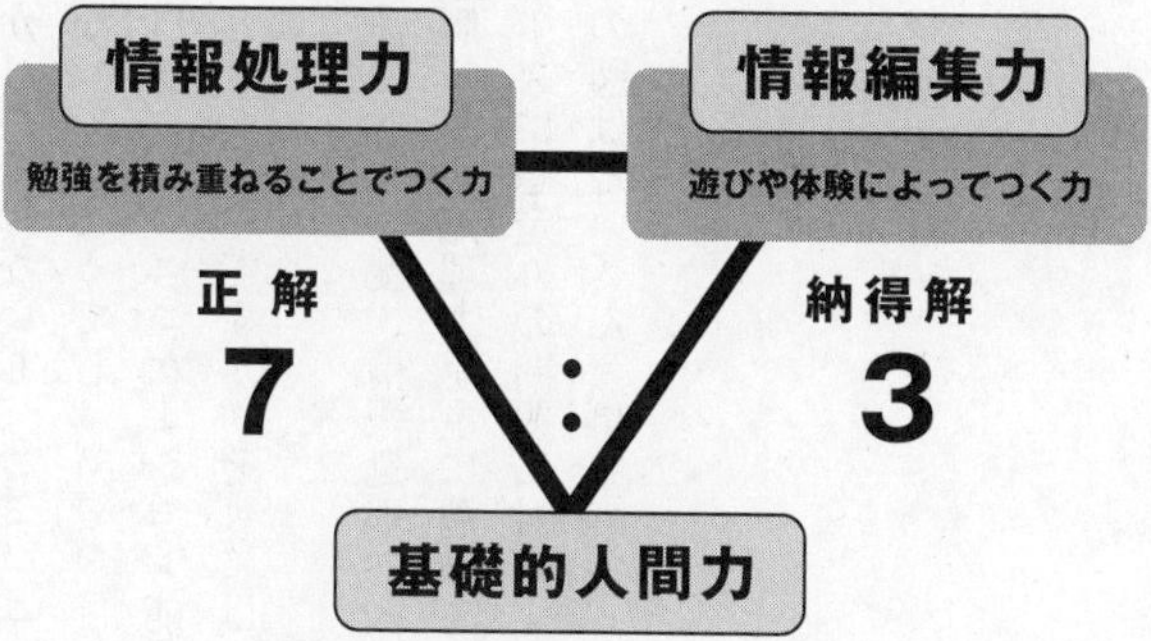

もっと情報編集力側へシフトしよう!!

いたかどうかなんです。

一方、**保守的な官僚や仕事のできないビジネスパーソンに特徴的なのは、「遊び」と「戦略性」がないこと。**物事を高速で処理する情報処理力は高いのだろうけれど、情報編集力が欠乏しているケースが多いのです。

その意味では、高級官僚や医者や弁護士などの職種が、小学校の低学年から受験勉強に追われた人たちに支配されるのは、社会的には非常にリスクが高いと言えるのではないでしょうか？

実際、コミュニケーション能力の低い医者や弁護士が多くなってきたという話も聞きます。コミュニケーションできない医者にかかりたくはないし、コミュニケーションできない弁護士に依頼したら余計ややこしくなってしまうでしょう。

僕自身、コミュニケーション能力養成講座をやってほしいと大学の医学部に頼まれたこともあるのですが、それにはこうした背景があるわけです。

ここでもう一度、情報処理力と情報編集力の図を見てください（前ページの図表11）。左側の情報処理力が主に勉強を積み重ねるなかでつく力、右側の情報編集力が遊びをベースに想定外の問題に対処するなかで育まれる力だと述べてきました。

この図はたいへん大事なので、何度か形を変えて示しますね。

2　受験で情報編集力を身につける

入試問題にはクセがある

情報編集力の5つのリテラシーはゲームの要素であり、遊びがその基盤を作るという話をしました。

ということは、**受験もゲームのようにとらえることで、情報編集力がつくまたとない機会に変わることになります。**

受験を、やらされ感の強い、ただのテストだととらえているうちは情報処理力がちょっと上がる程度でしょう。記憶力の勝負だと勘違いしているうちは。

入試問題は、決してコンピュータが自動的に作って出しているわけではありません。

採点の処理がマークシート方式だったとしても、入試問題そのものは人間がウンウン唸りながら作問しているものなんです。仮にセンター入試に代わる共通の一次試験がデジタルなディスプレイに入力する方式に変わったとしても、作問自体は当分、相変わらずアナログっぽく苦労して作ることになると思います。

大学入試の二次試験に至っては、各大学の教授陣が総がかりで知恵を絞って問題を作ります。ということは当然、クセが出る。だから、過去問からそのクセを分析して対策を打つことが重要なんです。頼りになる塾や予備校は、みんなやっているでしょう。

これを自分でやってみると、相手（大学の教授陣）が考えることをロープレして、出題される問題を推理（シミュレーション）することになるから、情報編集力がつくんです。塾や予備校の講師任せにしていては、もったいない。助言は求めてもいいから、ぜひ自分でやってみてください。

僕自身も受験のときには、時間が足りなかったこともあり、二次試験の地理と世界史についてはかなり的を絞って勉強しました。

はじめに1週間かけて10年分の過去問を解いてみて、傾向を分析します。すると10

年間一度も出ていないところと、何度も出ているところがわかります。一度も出ていないところのうち、入試問題にふさわしくないもの（学説が分かれていて正解を問いかけるのに難がある分野）は今後も出ないでしょう。そうではなくて、出てもいいのにまだ出ていないところが怪しいわけです。私のときには、地理ではアフリカ問題でした（これが見事に当たります：笑）。

もちろん、何度も出ている分野はその大学の教授陣が好きな分野に違いないから、また出るかもしれない。もしかしたら、その分野を研究する大御所がいて、若手の先生たちが問題を作成するとき、その分野を扱うことで大先生に敬意を表したり、媚《こび》を売っているのかもしれないのです。

こんなふうに、テスト問題には出題している相手がいるということを意識するようにしましょう。

キャラのある血の通った人間が、試験問題をああでもないこうでもないと悩みながら作っているのです。これがわかった瞬間、受験はゲームに変わります。

中間試験や期末試験だってそうでしょう。君たちが普段教室で習っている馴染みの先生のクセが思いっきり出ているはずなんです。ぷんぷん臭うはず。もし、そうでないなら、先生は業者の作成した試験を買ってテスト用紙に印刷してるだけかもしれません（笑）。

出題する相手がいる現実に気づけば、出題者をロールプレイし、どんな問題を出しそうかをシミュレーションしてみるゲームになりますよね。

出題するボスキャラを倒せ！……というような。

また、受験当日は1人で勝負するわけでカンニングは許されませんが、試験場に入るまでは誰とコミュニケーションしても自由です。親の応援も大事ですが、受験を戦うにはボスキャラを倒すための戦友も必要です。

出題するほうだってチームで取り組むんですから、受験するほうも出題傾向をコミュニケーションしながら、ああでもないこうでもないとチームで戦うほうが楽しいでしょう。コーチは学校の先生かもしれないし、塾の指導者かもしれませんが、オンラインで意見交換する仲間のなかに自分より鋭い分析をする戦友を発見してタッグを組むのもいい。

5つのリテラシーを総動員しよう

過去問の分析には、ロジカルシンキングが必須なのは言うまでもありません。

そして、受験そのもの、問題を解く行為そのものが自己表現であり「プレゼンテーション」なんだと考えれば、やらされ感の強い受動的な態度から、より能動的な（アクティブな）態度に変身できるんじゃあないかと思うのです。

ましてや面接重視のＡＯ入試では、もっぱら君のプレゼンテーション力が試されることになります。この場合でも、面接官をロープレして、どんなことを聞かれるかを予測（シミュレーション）し対策を打ちます。過去に行われた面接での出題傾向を調べて、どんなアピールが有効かを考える。作品や芸（パフォーマンス）を出していい場合は、高校までで磨いたプレゼンテーション力がその場で問われるのです。

教員試験でも、最近は短い時間でロープレを行うことが多くなってきました。

たとえば、面接官が、いじめの対応について学校にクレームを言いに来た保護者を演じるような試験です。「うちの子が濡《ぬ》れ衣《ぎぬ》を着せられたと家で泣いてます。どうしてくれるんですか!」と面接官演じる保護者が突然、怒鳴る。教員志望の応募者がその場でどう対応するか、突発的な事態への対処能力を見て評価するわけです。

体育の先生には、2〜3分で体育大会での集団演技の指導を(笛も使わず)その場でロープレしなさいという出題も。

劇作家の平田オリザさんが全国の高校に出張授業をして、役割演技(ロープレ)を通じたコミュニケーション学習の普及を図っていますが、**結局、演技力(プレゼン力)が大事な時代になってきたんですね。**

結論として、受験をゲームととらえた瞬間から、情報編集力の5つのリテラシーを鍛える、またとない練習になるということ。

ぜひ、学校や塾の先生に言われるままに勉強するのではなく、自分からゲームを仕掛けるアクティブな機会として取り組んでほしいものです。

それが、のちに述べる、成熟社会を生き抜く「戦略性」を育てます。

東大の問題でも、司法試験でも、情報処理脳だけですべての分野の知識を記憶するなんて、とうてい無理な話なんです。

だから、相手と勝負して情報編集脳を鍛える必要がある。

とりわけ、東大の問題は昔から良問と評価されていて、たくさん受けさせて振り落とすタイプの私立の問題とは質が違います。記憶力に頼った情報処理脳だけでは解けない。はじめから、情報編集脳を動員しなければ解けない問題が出題されるのです。

受験に戦略的に取り組んで、ぜひ情報編集力も同時に磨いてください。

2020年度から始まる大改革

ここで、政府が進めている入試改革についても触れておきましょう。

2020年度から大学入試のスタイルを変えようとするもので、大改革です。難しく解説すると混乱すると思うので、簡単に話しますね。

まず、高校在学中に2つの試験を受けることになります。

1つ目は、高校1、2年分野の基礎学力テストです。小学生と中学生には毎年あるのに高校生にはなかったから、全国の高校生の学力レベルを確かめるために導入されます。教科書通りのやさしい問題が出るはずですから、心配ないでしょう。

2つ目は、大学入学希望者に対するテストで、いまのセンター試験に代わるものです。点数の序列ではなく、英検のような達成段階（1級、2級、準2級とかA、B、Cとか）で測るようにしたい意向です。また、このテストに思考力・判断力・表現力を測定できる要素を加えて、いまより少し「処理力」から「編集力」に寄った試験を目指します。

本当は、意見を書かせる小論文を出したいところなんですが、大量な答案をどう採点するのか（ここだけ各大学に戻して採点するのか、それで時間的に合格発表までに間に合うのか）揉めに揉めて、結局、記述式の導入は見送られることになりました。

将来的にはコンピュータで出題・採点できるようにしたいし、公平を期すため、年に複数回受験できるようにするのが理想です。でも、そこまでの準備ができるかどうか怪しいため、初年度は無難に、いままでのセンター入試に毛が生えた程度になるのではないかと言われています。

ただし、いまより問題が情報編集力寄りに修正されることは間違いないでしょう。

つまり、101ページの図表11の左から右サイドに寄るということ。

もともと2020年からの入試改革は、簡単に言えば、この情報処理力：情報編集力の比率を、現在の9：1から、7：3くらいにシフトする狙いがあるからです。

ただし、ゆっくりと、2020年代を通して右側に寄っていくのだと理解してください。その意図が100%実現されるには、2030年頃までかかるかもしれません。

君は自分の長所と短所が言えるか?

高校の基礎学力テストはもっぱら情報処理力側の能力を測り、大学入学希望者テスト(一次試験)は、高校在学中に「情報処理力」+若干「情報編集力」をも測る力試し。そうしておいて、大学の入試自体をもっと思い切って情報編集力側に振るようにしてくださいねと、大学は文科省から指導を受けているのです。

全体を7:3程度に右に寄せるためであることがわかるでしょう。大学入試(二次試験や面接)の情報編集力シフトです。

では、大学の教授たちは、高校生の情報編集力側の力を、どのように見極めようとするでしょうか?

結果的には、次のような方法が増えると思います。

①小論文や、高校から送られた調査票を見ながらの面接

どんな意見を持っている人なのかを確かめたいし、高校時代までの諸活動のヒアリングを通して応募者のキャラを把握したいからです。

志望動機は当然、真っ先に聞かれるでしょう。

これまでの活動のアピールやプレゼンだけでなく、入学がゴールになってしまわないように、入学してからどんなことを学びたいのか、といった「学びの設計書」や「志望理由書」のようなものを求める大学も増えてくるでしょう。

②テーマを与えられてのグループ・ディスカッション

ブレストやディベートを評価者が観察して、協働的な場での発言の仕方からコミュニケーション力やロジカルシンキング力、プレゼンテーション力を観るわけです。こいつは「彼の言ったことに賛成です」と他者の意見のフォローしかしないなとか、この子はやけに積極的に発言するけれど、どうも池上彰先生やテレビのコメンテーターの意見のコピーばかりだなとか。

③自分のウリや得意なこと、作ったものや体験したことのプレゼンテーション

ＡＯ入試の比重も増えるから、自分自身をプレゼンする「自分プレゼン力」が鍵になります。社会に入ってからは当たり前に大事ですから、これを機会に練習しておきましょう。

ただし、**自分の強み（プラス・モード）だけでなく、弱み（マイナス・モード）もしっかりプレゼンできるようにしておいてください。**たとえば、面接で「あなたの長所と短所（強みと弱み）について教えてください」とダイレクトに聞かれることも十分ありえます。

じつは、マイナス・モードの話（挫折や病気の経験、失敗談など）をしっかり話せるかどうか、面白おかしくプレゼンできるかどうかには、その人のキャラがよく出るので、ツッコミを入れてくる場合があるからです。

自分プレゼンと言うと、どうしてもプラス・モード（特技など得意なこと、興味のあること、好きなこと）だけを語る練習をしがちですが、弱みも語れることでコミュニケーションに深みが出ることを覚えておいてください。

これは「スタディサプリ」の未来の教育講座（オンライン版）「よのなか科」でも紹介していますから、あわせて練習の参考にしてもらえるでしょう。

東大や京大もAO入試を始めたように、この2校を含む他の国立大学でも私立同様、

2020年代を通じてAO入試の比率が高まることになります。

なんのことはない、いま企業が入社試験で課しているような、応募者の情報編集力を見極める課題が大学入試に降りてくることになるのです。この流れに高校生が慣れるためには、高校でアクティブ・ラーニング型の授業が増えなければ対応できません。

でも、この理想を実現するには、大きな課題があることも事実です。嫌われることになるでしょうが、はっきり言っておきましょう。現在の大学の教授陣にどれほど情報編集力側を評価できる人材がいるのか、がネックになる。

だから僕は、この左から右への流れは間違いなく進むけれども、結構ゆっくり、2020年代を通じて進むのではないかと考えているのです。

3　情報編集力がある人の特徴は？

情報編集力が高い人には、「遊び」と「戦略性」がある

ちょっと話がそれるように感じるかもしれませんが、もう少し聞いてください。

情報編集力を強調してきましたが、では、実際大人になって情報編集力があるビジネスパーソンや公務員は、どのように見分けがつくのかという話をしましょう。情報編集力があります、とタグをつけているわけではないですしね。

よくしゃべるので、コミュニケーション・リテラシーがありそうな人もいます。たとえあまり相手に通じていなかったとしても、です。一見、クールなしゃべり方をするのでロジカルシンキング・リテラシーが高いと思っていたら、アレッ、どうもやる

ことに筋が通っていないなんて人も。一方で、推理小説の大ファンでシミュレーション・リテラシーが高そうな人もいるし、演劇に凝《こ》っていてロールプレイ・リテラシーが高そうな人もいると思います。営業職の人はプレゼンテーション・リテラシーが高くなければ話になりません。

でも、僕が40年にわたる社会人生活のなかで観察した結果から言うと、総合力として情報編集力の高い人の特徴は、次の2点です。

①「遊び」があってイマジネーションが豊か
②「戦略性」がある

この2つを満たしていれば、**「仕掛ける側」**に回れるのです。「仕掛ける側」という表現は大事なので、のちほど詳しく解説しましょう。

「仕事ができる人」「打つ手が当たる人」「人望がある人」「予測が的中する人」「リーダーシップのある人」「マネジメントがうまくいってる人」「業界のイノベーターだと周囲も認めている人」「実際に現代社会を動かしている人」「どうも運がいいように見える人」……そして何より、自分が切り開いた分野で「自分の人生を主人公として生きている人」に共通する特徴でもあります。

「仕掛ける側」の人になろう

人気漫画『ドラゴン桜』の桜木建二先生は、物語の冒頭で**「世の中のルールは頭のいいやつに都合のいいように作られており、勉強をしないやつはそれに騙されつづける」**と言い放ちました。

ルールを作る側に回りたければ東大に入れ、そうでなければ、一生ルールの下で支配される側に回るしかないという教えです。いささか極論ではありますが、このメッセージが本質をつくものだったから、読者の心に響いて大ヒットにつながった。

「仕掛ける側」と「仕掛けられる側」というのは、これと同じ対比です。

「ルールを作り出す側」と「ルールを守る側（守れなければ叱られるか、罰せられる側）」という分け方もできますし、「情報を編集して生み出す側（発信者）」と「生み出された情報をひたすら処理して消費する側（受信者）」という言い方もできます。

なぜ、これから情報処理力より情報編集力の重要性が上がるのかも、ここに暗示されているでしょう？

図表12　「ポケモンGO」から見る、仕掛ける側・仕掛けられる側

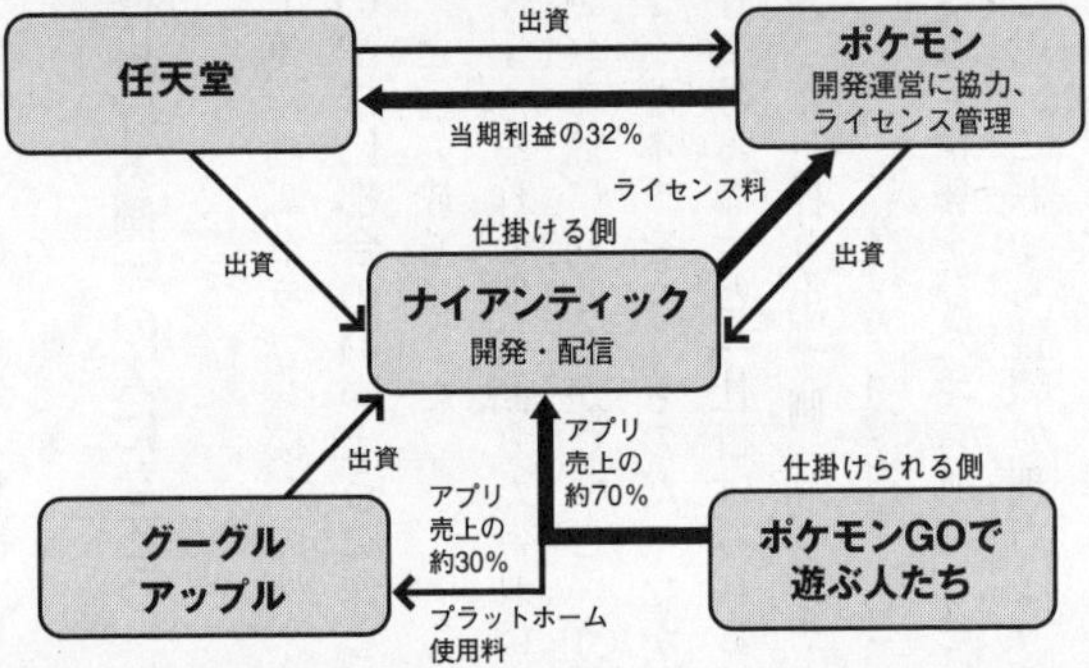

資料：『週刊ダイヤモンド』2016年8月6日号を基に作成

「ポケモンＧＯ」を仕掛ける側と仕掛けられて夢中になる人々の関係、ネットゲームを仕掛ける側とネットゲームで中毒になっちゃう人々の関係でもあります（図表12）。

「仕掛ける側」の人々の特徴は、「遊び心」と「戦略性」。

「ポケモンＧＯ」という1つの例をイメージしただけでも、「遊び心」と「戦略性」が同居している奴らに見事にやられたなと気づくと思うのですが、いかがでしょう？

秋元康さんの仕掛けたＡＫＢ48ブームでもいいし、オリンピックという壮大なスポーツイベントを仕掛けているＩＯＣ（国際オリンピック委員会）を思い出してもいい。

「遊び心」はゲーム心です。

情報編集力の5つのリテラシーは、ゲームの要素であり、遊びがその基盤を作るということは、大事なことなので何度でも繰り返して強調しておきます。

一方、**「戦略性」というのは、狙った獲物は外さないという感覚のこと。**目標やビジョンを実現するのに、十分に計画的な振る舞いができているか、多様な資源の上手な編集（つながりや組み合わせ）がなされているかどうかのことです。

思わず動かされてしまうようなことってありますよね。イベントやコンサートに出かけたり、店に並んだり、商品を買っちゃったり。「仕掛ける側」が十分に戦略的だとそうなります。調達できる資源は、お金だって人材だって無限ではないはずだし、限られている。でも、その組み合わせが絶妙だから、巻き込まれても気持ちいい。

職場でも、その原理は効いてきます。人は動機づけられないと動きませんが、うまい動機づけができている組織は、人事が戦略的だと言えます。

だから、「戦略性」は本来、マネジメントやリーダーシップと深く関わる経営用語なのですが、自分のユニークな考え方（アイディアや思想）を波及させようとしている人物を表現するときにも使うのです。

ああ、戦略的な人なんだな、と。

戦略的であるためには、「複眼思考（クリティカル・シンキング）」によって、ありきたりではない独自の仮説（アイディア）を持つ必要があります。その仮説をブレストやディベートのようなコミュニケーションによって、周囲からフィードバックをもらいながら強化していかなければいけない。

また、これを仕掛けるためにはこういう準備が必要で、こういう人材を集めなければできないなというロジカルな段取りも必須です。でないと、スタッフはついてこないでしょう。

さらに、これが起こったら次はこうなるだろうというシミュレーションも、仕掛ける対象をロールプレイして感情の動きを読む必要もあります。

最後はその仮説をプレゼンして資金を得たり、キーパーソンを動機づけたり……ようは情報編集力の5つのリテラシーすべてが入り交じるわけです。

「ホンモノ」も部活で鍛えられた！

この「遊び」と「戦略性」の要素がいっぱい詰まっているのが「部活」だと言ったら、驚くでしょうか？

サッカーだって野球だって、試合のことを「ゲーム」と呼ぶでしょう。そこにはたくさんの予定不調和があるし、想定外の出来事が起こる。また、良いコーチがつくと選手個人やチーム全体が明らかに強くなる。これは「戦略性」が圧倒的に上がるからですね。

だから、とくにスポーツ系の部活は、体力や忍耐力、精神力、集中力、持久力、バランス感覚、直感力などといった基礎的人間力がつくだけでなく、情報編集力側の訓練にもなるということ。

僕自身は弱小バスケットボールチームで、強かった女子の相手ばかりさせられていたからあまり偉そうなことは言えないんですが、人間関係の基礎は、ここで身につけたと思っています。高校時代の部活仲間とはやっぱり一生のつき合いになります。卒業から40年以上経ったいまでも、同窓生と飲むときにはバスケ部の仲間が中心になってるくらいですから。

「部活」がマネジメントやリーダーシップを学ぶ場にもなることを印象づけたのは、岩崎夏海著『もし高校野球の女子マネージャーがドラッカーの『マネジメント』を読んだら』(ダイヤモンド社)の功績が大きかったと思います。

キャプテンを任される子は、否が応でもリーダーシップの訓練の場になるでしょう。以前、校長室で懇談した一条高校OGは部活でキャプテンだったのですが、「自分の発するひと言でチームの雰囲気が変わってしまう。とくに、負けているとき、悪い状態のときの経験が、いま生きてるような気がする」と話していました。

最近は、選手ではなくて初めからマネジャーをやりたいという子も増えてきたようなのですが、マネジャーシップの訓練にもなることは言うまでもありません。

余談ですが、部活といえば、2016年9月の「よのなか科」には、一条高校のOGで映画監督の河瀬直美さん（映画「あん」の監督）にゲストで来てもらいました。彼女は高校時代、バスケ部のキャプテンで国体選手でした。もう1人のゲストは、同じく一条高校サッカー部OBで、サッカー界のイノベーションに貢献しているアメージングスポーツラボジャパンの浜田満社長。あの天才サッカー少年・久保建英くんをスペインのFCバルセロナに送った男です。

2人ともが、監督業も社長業も「体力」が勝負だと言っていたのが印象的でした。だから、良い選手だったか否かはともかく、部活を真面目にやっていてよかった、と。

中高生にはできるだけ「ホンモノ」に出会わせるべきだという主張も共通していま

した。勉強でホンモノに会う体験も大事ですよね。たとえば、大学や企業の研究者と一緒に研究する体験です。一方、部活では、スポーツ系に限らず書道でも囲碁でもお箏《こと》でも、ホンモノに出会う機会はいくらでも作れるはずです。

楽しいことだけをやっていても成長できない

ここまで述べてきたように、僕は部活容認派です。

盛んなほうがいいと思っています。むしろ、学校教育における部活は、2030年代になって、たとえ通常の教科授業のすべてがオンライン学習に替わったとしても、まだリアルな体験として残るんじゃあないかとさえ思います。教員の意思とエネルギーが続けばの話ではありますが。

ただし、ちょっとした落とし穴もあるので、ここで注意を促しておきましょう。じつを言うと部活には、授業以上に日々の成長実感があるんですね。やったらやっただけ伸びる感じがつかみやすい。同じ時間をかけた場合、勉強で国語力が伸びたり、数学力が伸びたりするより、この実感が強いかもしれない。

ここはちょっと怖いところなんですね。なぜなら、成長実感が強いほうに人間はエネルギーを傾けがちですから。**部活にシフトしすぎて苦しみながらも楽しんじゃってるうちに、高校生活が3年目になっても、自分で学習するスタイルを作れなかったということが起こる。勉強そっちのけになっちゃうってことです。**

文武両道とか、勉強と部活の両立という言葉は、掛け声として言うのは簡単です。でも、実現には困難がともなう。簡単に言えば、勉強より部活のほうが楽しいから。

ここで強調しておきたいのは1点です。**楽しいほうだけに行っちゃうと、人間は成長しないということ。なんとかして、両立の工夫を意地でも自分で編み出さなければならない。**

僕自身も中学は軟弱な剣道部だったものですから、高校から入部したバスケの激しい練習は体力が持たず、家に帰ってから眠くて宿題どころではありませんでした。そこで、帰ったらすぐに一旦寝てしまうことにしたのです。2時間仮眠して、21時頃から夕食を食べながらなんとか目を覚ますんです。その後、2～3時間勉強したり、ラジオを聴いたり、ギターを弾いてから寝るというパターン。ロックバンドもやってましたからね。

これなら自分の時間もでき、時間管理のクセもつきます。

最初は目覚ましで起きても眠くて眠くてしょうがなかったのですが、繰り返すうちに慣れました。慣れる前は目覚ましに気づかず、起きたら朝だったということも何度もあります。2時間以上寝ちゃったら、誰だってもう起きられないでしょう。15分の仮眠ですっきりする人もいるでしょうし、30分でOKという人もいます。

自分独自のパターンを作るしかないんです。

4 ジグソーパズル型学力とレゴ型学力

「ジグソーパズル」は正解を当てるゲーム

結論から言いますね。

情報処理力は「ジグソーパズル」をやるときの力にたとえることができ、情報編集力は「レゴ」をやるときの力にたとえるのがピッタリなんです。

だから、左の情報処理力を「ジグソーパズル型学力」、右の情報編集力を「レゴ型学力」と呼ぶこともできるということ。とくに、小中学生に解説するようなときには、「処理」と「編集」では覚えにくいし、間違いやすいでしょう。だから、最後には「ジグソーパズル」と「レゴ」で解説しています（図表13）。

じつは、こういう比喩《ひゆ》表現でプレゼンするのはとても大事なんです。相手のアタマ

図表13　ジグソーパズル型学力とレゴ型学力

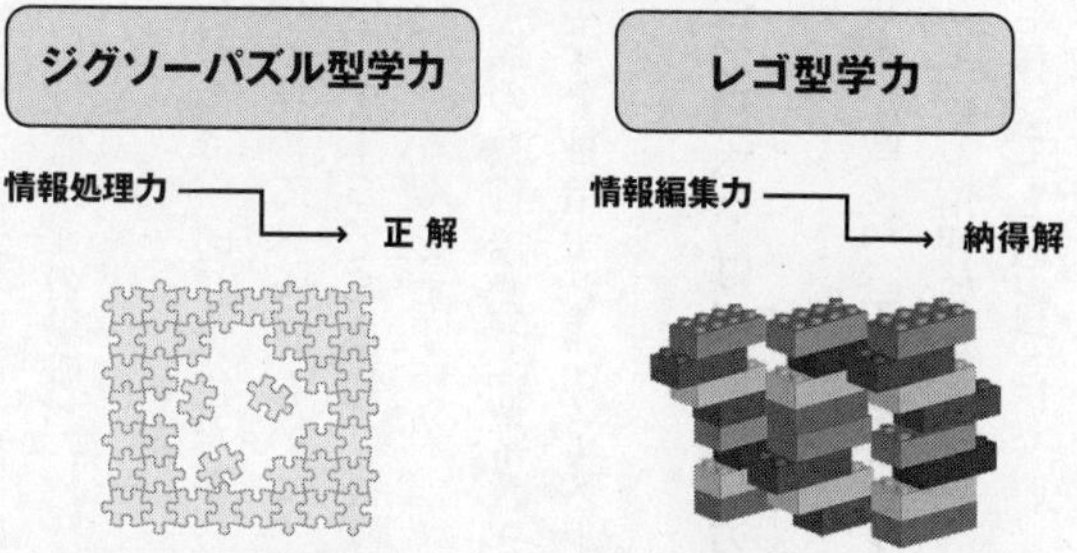

ジグソーパズル型学力

- 読み書きそろばんの基礎学力
- アタマの回転の速さ
- 大量生産
- パターン認識（短絡的思考）
- 営業マンが勧めたから保険に入る
- 消費者として生きる

レゴ型学力

- 知識を実社会で応用するためのリテラシー
- アタマの柔らかさ
- 多品種少量→個別生産
- 違う見方もあるかもしれない（複眼思考）
- 自分のリスクを比較研究してデザインする
- 編集者として生きる（人生は一冊の本）

資料：『週刊ダイヤモンド』2015年8月22日号を基に作成

のなかにある言葉で語ってあげると理解が進むけれど、アタマのなかにない言葉はなかなか腑《ふ》に落ちない。君だって、そうでしょう。

社会人になっても、君の考えやアイディアをやさしい言葉でたとえられるように、比喩表現の能力をいまのうちから鍛えておいてください。国語の時間に限った話ではありません。

では、まずは、ジグソーパズルを思い浮かべてください。

ジグソーパズルのルールは、バラバラにしたあとに元の図柄に戻しましょうということですよね。ゆっくり楽しんでやる手もあるけれど、いかに早く仕上げるかを楽しむことのほうが多いんじゃあないかな。パズルのピースはそれぞれ正しい位置（元の場所）にはめないといけないし、そもそも正しい位置じゃないとはまらない。

たとえば、同じ青色だからと、間違ったピースを右隅の空の景色にはめると、そこを本来埋めるべき正しいピースが余ってしまう。**その意味で、ジグソーパズルは正解主義のゲームですよね。**実際、情報処理力の一種であるパターン認識力を鍛えるのに適しているんです。

学校の教科授業で通常教えるのは、このピース（知識）の1つひとつであり、それで完成を目指すというイメージとも重なるでしょう。

戦後の日本では、アメリカ人のような生活を目指した

日本が戦後、学校教育によって生み出し続けてきたのは、ジグソーパズルをいち早く仕上げる情報処理力の高い人材です。さっさと作業を処理する能力の高い人材だったと言っても過言ではない。だから、正解ありきの「正解主義」教育が主流だったんです。

国語を学んで漢字が読めれば、工場でも、機械・工具の取扱説明書を読んで周囲を指導できるから職長さんになれた。算数やソロバンを学んで計算が速ければ、自営業者として釣り銭をごまかされることもないから実利があった。処理能力の高い人たちが、**あらゆる会社や役所でジグソーパズルを早く仕上げるような仕事を続けたから、経済については、日本は欧米へ追いつくのが早かった。**

さて、ここまで書けば、日本全体が戦後、どのようなジグソーパズルを仕上げようとしたのか、わかるのではないかと思います。

そうですね。

アメリカの圧倒的な経済力を思い知ったから、敗戦後に日本を支配したGHQの刷り込みもあって、「アメリカ人のような豊かな生活」がしたいと皆が思った。アメリカ式のライフスタイルがそのまま多くの日本人の夢になったんです。

つまり、**戦後の日本が国民総動員で完成させようとしたジグソーパズルの完成図は「アメリカ人のような豊かな生活」だったわけです。**だから、僕が小学生だった昭和30年代には、このアメリカ式のライフスタイルがテレビドラマによく出てきました。たとえば「名犬ラッシー」を見れば、広いリビングの暖炉の前にソファがあって家族が団欒《だんらん》している。そこに芝生の庭からコリー犬のラッシーが駆け込んでくるというような設定です。リビングにはカラーテレビやステレオやピアノもあって……というように、そうしたテレビ映像には、何を買い揃えないと「アメリカ人のような豊かな生活」が完成しないかが示されていました。

戦後というのは、アメリカが示した正解をどんどん完成させていくゲームだったんだと思います。

だから、教育が正解主義に偏っていたことは間違っていなかった。壮大な国家レベルのジグソーパズルを完成させるためには、1人ひとりをジグソーパズルが得意な人に育てないと時間がかかっちゃうからですね。

あまり人生とか、哲学とか、難しいことを考えることなく、それぞれの職場でピースを埋めていってくれと。早く仕上げてくれれば、給料も上がるし、豊かになれるよ。税金のことも老後のことも気にせず、ひたすら処理力を磨けば、あとは会社や役所が最後まで面倒を見てくれるから……そんなふうにジグソーパズルが完成していきました。

1人ひとりが自分の人生をデザインする時代

ここまでの話では、ジグソーパズルが上手な人材が万能のような気がしてしまいますが、一方で、ジグソーパズルが得意な人にとって不得意なことは何だと思いますか？

結論から言えば、**途中でやり方を修正すること。それに、完成図そのもの、つまりは「世界観」を自ら生み出すことです。**

もう一度、ジグソーパズルをやっているときの自分をイメージしてください。ピースの1つひとつに正解の場所があるわけですから、一度やり始めたら途中で図柄の変更はできませんよね。完成図が決定されているからです。ディズニーのミッキーとミニーちゃんが仲良く肩を組んだ図柄を完成させようとしてるんだけど、ドラえもんに変えたくなったと言ってもそれは無理な話です。

やり方の自由度はどこから埋めていくかだけ。あらかじめ色調でピースを分類しておき、キャラクターの顔の特徴ある部分から行くのか、背景から行くのか、それとも形状がわかりやすいから四隅から攻めるのか。結局、完成図ありきですから。

だからこそ、完成図がなければ作業ができないということになります。ジグソーパズルって、買ってくるときに、気に入った完成図を選択するしかないんですね。それが森のなかに幻想的なお城が写っている航空写真でも、漫画のキャラでも、有名な画家の絵でも……メーカーが選んだ図柄が、さあどうぞと並んでいるだけです。

ユーザー側には、その世界観に関しての決定権はない。

ここに、僕もその1人なんですが、戦後の日本の教育が生み出した情報処理力が高い人材の強みと弱みが特徴づけられることになります。

あらかじめ世界観が示されていれば、それを埋めていく作業は得意なんだけれど、世界観そのものを生み出すのは不得意だということです。しかも、途中でやり方を変えなければいけない局面でも、なかなか修正がきかない。

次のように言い換えることもできるでしょう。

目標やビジョンが完成品として示された場合には、一所懸命頑張って部品を調達し、完成させることは得意。でも、その目標やビジョンそのものを作り出すことは不得意

という事実。

戦後50年の努力で「アメリカ人のような豊かな生活」は１９８０年代にはほぼ達成されていたんです。だから、80年代から90年代を通して「ジャパン・アズ・ナンバーワン」と呼ばれる時代が来て、バブルが到来します。ところが、日本経済は、山一證券や北海道拓殖銀行などが破綻した１９９７年に頂点を迎えて、１９９８年からはダウントレンドの時代に入ります。

成熟社会の到来です。１人当たりのＧＤＰが下がり始め、自殺者の数が一気に3万人を超えたのが１９９８年。

本当は、この間に、次の日本全体の世界観が示される必要があったのです。でも、自民党も民主党も、それができませんでした。「アメリカ人のような豊かな生活」というジグソーパズルが完成に近づいたときに、次にやるジグソーパズルの図柄を国民は欲していたのだと思います。

でも、日本人の多くは、真似したりキャッチアップするのは得意だけれど、世界観そのものをクリエイトして提示するのは不得意というクセが出てしまった。

政治家にその素養がなければアウトです。政治家の役割は次の世界のビジョンを示し、国民の支持を集め、それを実現するために官僚を動かすことでしょうから。

しかし、現実には新しいジグソーパズルの世界観が示されることなく、失われた10年が20年となり、今日でも次の図柄は示されていないように感じます。

こうしてジグソーパズルの得意な人たちは、ゲームクリアにもかかわらず、まだまだジグソーパズルのピースを埋めたい衝動に駆られながら、精神をさまよわせることになりました。情報処理力を持て余して、どこに次の図柄があるんだろうと。

もっとも、僕自身は、もう国家が「アメリカ人のような豊かな生活」といった壮大な図柄を提示すべき時代ではないだろうと思っています。つまり、**成熟社会に入った日本では、1人ひとりが自分の人生におけるビジョンを図柄としてゲームを仕掛ける時代に入ったんです。**

ジグソーパズルのたとえは、ひとまずここで終了です。余談ですが、のちに真っ白な画面に自由に絵を描いていいですよという、世界観をユーザー側に託すジグソーパズルも発売されました（笑）。

何でも作り出せる遊び「レゴ」

世界観そのものをクリエイトするタイプの遊びには、どんなものがあるでしょうか?

情報編集型の、正解がないゲームのことです。

もちろん、白いキャンバスに自由に絵筆をふるって絵を描くこともそうでしょうし、砂場遊びもそうですね。砂浜で、砂を固めてお城を作ったり、そこに海水を流し込んだり、そうした遊びはしましたか?

粘土遊びでも、君の意志でなんでも作ることができます。人形のような形も、動物でも、家でも、造形はイマジネーションしだい。

スポーツとしては、ひと昔前の高校野球には定石《じょうせき》というのが多かったようで、どちらかというと正解主義の情報処理型ゲームの匂いが強かった気がします。守備と攻撃が分かれているし、投手と打者の役割が固定していて、選手に定位置があるというルールだからでしょう。だから、強い監督が来て、細かい指示を選手に飛ばすことで試合に勝てた。いまは個々の選手がケースバイケースで判断しないと勝てない時代に入ったと聞いてはいますけれど。

対して、サッカーは1人ひとりの選手に常に選択肢や自由があって、より情報編集型ゲームの色彩が濃いですね。ラグビーなどは監督がフィールドにいませんから、始まってしまったらすべて選手の判断で試合が進みます。

チェスは情報処理型ゲームに近く、将棋は一度取った駒が再びはれますからより自由度があって編集型に近くなり、囲碁だと宇宙観そのものを競うようなものですから、定石もあるとはいえ、完全に情報編集型のゲームだと言えるでしょう。

だからこそ、まずチェスの世界一がコンピュータに負け、将棋も負けるようになり、昨今、ついに囲碁までも世界一の棋士がＡＩに負けるということが起こりました。情報処理型であればあるほど、コンピュータに置き換わられやすいという好例だと思います。

情報処理型のゲームの代表が「ジグソーパズル」だとすれば、情報編集型のゲームの代表選手をどの遊びに例えれば、一番ピッタリくるでしょうか。

それが、「レゴブロック」遊びなんです。「レゴ」の略称で呼ばれています。

レゴは、ピースの種類は少ないですが、その組み合わせしだいで、なんでも作り出すことができますよね。宇宙船でも、家でも、動物でも、街でも、東京スカイツリーの形を真似たタワーでも。遊ぶ側のイマジネーション1つで、何にでも姿を変える。ユーザーが創造主として「神」になる感覚を味わえるゲームです。積み木でも同じなんですが、ブロック同士がくっつく工夫が、その可能性を広げています。

最初に買ってくるときには、飛行機だったり家だったり、典型的なセットなのですが、それを崩してからは、バラのピースが入ったバケツを買い足せば、大きなものを作ることも可能です。

僕は息子たちが小さかったとき、よく畳1畳くらいにレゴの下敷きになるものを敷き詰めて、レゴと積み木を組み合わせて一緒に街づくりを楽しみました。海があって船も泊まっていたり、道路には古くて傷だらけのミニチュアカーを走らせたり。作りたいと思っていたものの部品が足りないようなときには何かを代わりに見立てたり、海の部分には青いタオルを波立たせてみたり……。

このように、レゴは世界観そのものをクリエイトするゲームだと言えます。

世界観を作り出す力というのは、正解のない問題を解決しようとするときの構想力につながります。問題解決能力の根幹をなすものです。また、適切な目標を設定したり、ビジョンを提示する力でもあります。

仮説を作り出せる人になろう

「正解を当てる」と「納得解を作り出す」の違いを意識してください。

ジグソーパズルは正解があるから当てるだけでいいのですが、レゴには正解は元からありませんから、作り出さなければならない。

情報編集力は、自分なりの仮説を作り出す力です。レゴだったら、飛行機にしようかなあ、電車がいいかなあ……ジェットで先の尖ったカッコイイやつがいいかも……でも、やっぱり飛行船がいいや、というような試行錯誤から導き出される「最初のイメージ」です。また、最初はイメージ通りに進んだとしても、途中で、ここに翼はいらないかな、だったらロケットエンジンにしよう、と修正していくことになります。

レゴ遊びって、正解主義ではなくて修正主義なんですね。**どんどん、やりながら改善していく。その結果、最初イメージしていたものとはまったく違うものに変化することはよくあることです。**レゴが修正主義の遊びだからです。

ジグソーパズルが正解主義、レゴが修正主義のゲームだと述べました。

ただし、保護者の皆さんは、小さい子が遊んでいるジグソーパズルを取り上げて、慌ててレゴを買ってくるような暴挙は慎んでくださいね（笑）。そういうのは、典型的なパターン認識です。どっちにせよ、情報処理力と情報編集力をバランス良く鍛えるのが大事なんですから。

じつは、こんな話もあるんです。「スター・ウォーズ」などヒットした映画作品とのコラボが始まってから、最近のレゴの箱の表紙には完成品が示されていて、それを完成させるのが楽しいという子どもが増えたというんです。だから、バラバラになったレゴの部品を見本の写真と寸分違わず組み上げたら、それを飾っておくだけで満足してしまう。再び壊して他のものを作るようなことをしなくなった、と。

これでは編集力を鍛えることになりません。自分なりの仮説ではなく、メーカーに与えられた正解を組み上げているだけですから。ちょっと笑っちゃうのですが、レゴがジグソーパズル化するという現象が起きているわけです。

もちろん、一方に、「マインドストーム」のようなレゴとコンピュータを組み合わせ、プログラミングして動かすのを楽しむ動きも広がってきました。

「仕掛けられる側」の悪いクセ

DIY（Do It Yourself）ブームに火をつけた東急ハンズのようなお店でも、同じような反転現象が起こっているようです。「正解主義」教育がいきすぎたからでしょうか、手作りを楽しむための道具やパーツを提供するはずのDIYの店に、なんと完成品である「正解」を求めてくるお客さんが増えたというのです。

たとえば、昔は自転車を趣味とする人たちは、フレームやギア、サドル、ハンドル、タイヤ、ブレーキなどのパーツを買ってきて、自分オリジナルの自転車を組み上げようとしました。自分の自転車を世界にたった1つしかないオンリーワンにするためです。そのためにはスーパーで売っているようなママチャリでは無理。数万、数十万円と投資がエスカレートしていって、最高の技術を編集しようとするファンが店に詰め掛けたのです。

ところが最近は、店主が組み上げた自転車を壁に吊るしておくと、これと同じものをくださいというお客さんが増えてきたんだそうです。完成品を買うという感覚なんですね。これでは、スーパーやディスカウントストアで冷蔵庫や洗濯機を買うのと同じです。

パーツが増えすぎて選ぶのが面倒になり、カリスマ店主が「これがベスト！」というやつでいいやと、マニアでさえも諦めているのかもしれません。

たしかに、世の中は成熟社会が深まりつつあるので、思考停止して「その分野のカリスマやブロガー、あるいはテレビの通販番組が薦める完成品を買う」というパターンが多くなってきているようにも感じます。

時代の流れとしては思考力・判断力が大事になってきているんだけれども、思考するには情報が大量すぎるし、判断プロセスも複雑すぎて、多くの人が投げ出しちゃっているんでしょうか。

レストラン選びでも、そんなことが起こっています。「食べログ」や『ミシュランガイド』を見てレストランを選んでいる人が最近は多いですよね。彼らは自分の判断でお店を選んでいるように感じているでしょう。ですが、じつは他人の評価で動かされているだけという面がある。つまり、仕掛けられているんです。

仕掛けるか、仕掛けられるか

30代までは、こうして100軒巡り歩いて自分の舌を鍛えるのはいいと思います。でも40代後半からは、気に入った1つの店に100回通って店を育てるくらいの意識を持ったほうが楽しいんじゃないでしょうか。

デパートに並んだ完成品をどれにしようかなと選ぶ消費者の感覚ではなく、お店の雰囲気やメニュー作りに自ら参加することで作り手の一翼を担うんです。

僕は奈良に来てから、まず20〜30軒のお店を食べ歩きましたが、その後、和食で2軒、洋食で1軒に絞って徹底的に通い倒し、洋食のほうでは独自のメニューとお酒を出してもらえるまでになりました。

この、ただの消費者にとどまるか、それとも作り手側に参加させてもらうかの違いは、そのまま処理アタマか編集アタマかに通じ、「仕掛けられる側」にとどまるか「仕掛ける側」に回れるかに通じていきます。

会社選びでも、同じ現象が起こっているようです。

情報が増えすぎてわからない。社会そのものが複雑になりすぎて判断できない。だから、思考を停止して、少しでも名の知れたところに、自分の大学のレベルだとこのへんの会社だろうなという順に会社回りをしている。うちの大学だったら、各業界の3位か4位くらいが適当だろうと。

これでは、とうてい「仕掛ける側」には回れないと思います。会社回りが「処理プロセス」になっていて、自分と会社との間になんら「編集プロセス」が利いていないからです。

何かで縁を感じたら、もう飛び込んでしまったほうがいい。無謀にも飛び込んでしまってからのほうが、思考回路が働き始めるのではないでしょうか。

仕掛けるか、仕掛けられるか。

自分から仕掛けなければ、誰かに仕掛けられるだけ。

『ドラゴン桜』では「ルールを作る側に回りたければ東大に行け！」でした。法律を作る側に回れという意味ですね。でも、東大に行かなくたって「仕掛ける側」に回る手はいくらでもあります。

君もぜひ、「仕掛ける側」に回ってください。

そのためには、「遊び心」と「戦略性」が鍵。「レゴ型学力」を強化することが「仕掛ける側」には必須なんだということを、忘れないでください。

第4章

「雇われる力《エンプロイアビリティ》」の鍛え方

1 「雇われる力」とは何か？

独立や起業をしても大切な「雇われる力」

この章では、10年後の社会で君が何らかの組織に雇われるためには、いま、どんなことを意識して、何を鍛えていけばいいのかを考えていきます。

組織と言いましたが、それは企業でも、NPO（非営利組織）やNGO（非政府組織）でも、都道府県や市区町村のような自治体でも、国の省庁やその他の政府機関でも同じことです。

君の「雇われる力」、すなわちエンプロイアビリティ（employability）が高ければ、仕事の選択肢が広がるでしょうし、人生における自由度が高まるのは想像できるでしょう。

逆から見れば、組織の人事部長がどういう人物を採りたいのか。「人事部長ロールプレイ」をすることになります。

もし君が人事部長だったら、どういう採用基準で、どんな経験をしてきた、どんな考え方をする人材を採用するでしょうか？

しかも、たいていの処理仕事はＡＩ×ロボットがやってくれる時代に、です。

また、この思考実験をすると、君が歩むキャリアが、たとえ組織に雇われるのではなく、お店を開いたり、職人として独立したり、起業したり、あるいは1人で教育や保育、介護の現場などでボランティアをするような場合でも、同じことが大切になると気づくでしょう。**人に信頼され、共感されて働くには「クレジット（信任）」を蓄積することが鍵になるからです。**

10年後、どんな人が雇ってもらえるか？

まず初めに、1つの仕事に絞って、ＡＩ×ロボットの時代にも活躍できる人間の力について考えていきましょう。

取り上げるのは「教員」という仕事です。なぜなら、教員が教える知識がネット上にすべて蓄積される時代になっても、なお教員であるためには、どのような役割の変化が必要なのか——それを考えることが、「雇われる力」の謎に迫るのに一番適していると思うからです。

君が現在、学校で先生から習っている知識の大半がネット上でタダで学べてしまう時代に、それでも先生を必要とするなら、それはどんな先生なんだろうということ。

第1章で、僕は次のように述べました。

「ネットワークが広がれば広がるほど、ＡＩが高度化すればするほど、人間がより人間らしくなるはずだと。人間は、人間じゃなきゃできない仕事をするようになり、人間本来の知恵と力が生きてくるだろう、と。

学校の先生の仕事が良い例ではないかと思います。

どんなにネット上に知識が蓄積されても、その前に立つ先生の仕事はなくならない。子どもたちを動機づけたり、ときには叱ったり、背中を押したり、勇気づけたり……そうした人間にしかできない仕事がますます大事になってくる」

これは、果たして本当かを検証するところから始めたいわけです。

おそらくこの謎が解かれる頃には、すべての職種で同じことが起こるでしょう。Ａ

I×ロボット化は、すべての仕事を巻き込んで、すべての業種で起こるわけですから。

その意味で教員の仕事は象徴的です。

いきなり、本質的な質問をしますね。君は困っちゃうかもしれないけれど。でも、できれば学校の教室でもこのテーマでディベートしてもらいたいくらい重要な問題なんです。もちろん、先生と一緒に。

「スマホからほとんどすべての知識が個人的に学べてしまう時代になったら、学校はいらないいんじゃないの？」

「もし、それでも教員の役割が残るとすれば、何が残るんだろう？」

「どんな教員なら、10年後も県や市の教育委員会に雇われるのだろう？」

「そして、AI×ロボットの時代にも学校が必要だとすれば、どんなふうに役割が変わっていくの？」

これらを、明らかにしてみたいのです。繰り返しますが、会社や自治体や社会全体が、仕事の前提として「情報」を扱う限り、同じような地殻変動がすべての職種、すべての業界で起こります。

グーグルに神が宿る日

この、あまりにも壮大なテーマを考えてもらうとき、2015年にテレビでひんぱんに流れていたグーグルのコマーシャルを思い出してもらいたいと思います。

さまざまな場面で、若者がスマホに話しかけ、ネット上から情報を得ようとするシーンが続くコマーシャルです。いまでもユーチューブでこのグーグルアプリ「いけるかな?」篇は見られます。

大学生らしき研究者が「月までの距離は?」と聞きます。これは正解のある問題ですから、音声認識ソフトが認識してくれれば、どこかから答えを探してきてくれるでしょう。ちなみに、原稿を書きながら、いま僕がグーグルで「月までの距離」と検索してみたら、すぐに「384400㎞」と答えが出てきました。

問題は次です。高校生らしき野球少年が校庭での部活の練習時に「ここから甲子園まで」と聞くんです。いかにも、あまり有力校ではない感じの匂いがします(笑)。

これを観た瞬間、僕は、未来社会を予言するのに象徴的な問いかけだなと思いました。

彼は「学校から甲子園までの距離」を聞いているんじゃありません。甲子園まで最短時間で行ける電車のルートが知りたいわけでもない。真剣な眼差《まなざ》しで「どうしたら、自分たちが甲子園に出られるようになるか。どんな練習をしたら、強豪チームにも勝てるほど強くなれるのか」を聞きます。

この質問には、珍しくスマホが沈黙するんです。そう、答えは出てこない。

でも、答えが出ないのは、いま現在だからでしょうね。

10年後はどうでしょう。高校野球で全国の弱小チームがいかにして勝ち上がったか、どんな監督を迎え、どんなメンバーを集め、どんなメニューで練習を積んだ結果、強豪チームに変貌したのかというデータが続々とネット上に載るようになったら、どうでしょう？　誰かが真剣に取材すれば、100チームくらいのデータはいまでも集まるはずです。

これらの大量なデータをAIに分析させれば、最も効果の高い「甲子園への最短の道」が導き出される可能性は否定できません。すでに開発されている「ディープ・ラーニング」と呼ばれる技術を使えばできるんです。

だとすると、「彼女が喜ぶ誕生日プレゼントは？」「東大医学部の入試に受かる可能性は？」「2028年のオリンピックで、僕がメダルを取る道は？」……などのような無数のつぶやきに対して、グーグルから即座に「お告げ」が来る未来は遠くないように思います。

それを信じるか信じないかは君の勝手ですが、ネットと人間がこういう関係になることは間違いないでしょう。

僕は、この現象を、**グーグルに神が宿る日**と呼んでいます（笑）。

さて問題は、そうなったとき、教員という仕事は生き残るのだろうかということ。スマホに聞けば、現在ではかなり複雑な分析をしなければならない知識でも、10年後ならほぼ瞬時に答えてくれるとするなら、教員はどうなるのか？

僕はすべての学校で、当事者である先生たちがこの問題を議論してくれたらいいなと考えています。ネット上にほぼすべての知識が載るのは、時間の問題だからです。有史以来、人類のすべての知恵に匹敵する膨大なデータの複雑な分析が可能になって、あらゆる質問に瞬時に答えられるシステムがスマホの向こうに用意されたら、君の前に立っている先生は、何をすればいいんでしょうか？

ただ生徒と一緒に検索する……？

本気でこの問題をディベートしようとする先生は、ここから先のページはしばらく隠しておいてください。いまから、僕自身の思うところを述べますから。

ネット上にすべての知識が埋め込まれ、神が宿ってお告げをするようになったら、教員はお払い箱になるのか？

いや、そうではないと、僕は断言できます。

ロボットには学ぶ喜びを教えることはできない

第2章で述べた情報処理力側の知識はそうかもしれません。正解はすべてネット上に載ることになりますから。しかし、情報編集力側のリテラシーは、先生と生徒が試行錯誤しながら「納得解」を作り出す経験のなかで育まれるものです。だから、アクティブ・ラーニングの技術を身につけた教員は生き残るだろうと思います。

では、仮にある種の感性をも獲得したＡＩロボットが先生となって、ブレストやディベートを進行できるようになったらどうでしょう。つまり、２０３０年代くらいに、僕がやっている「よのなか科」でさえも実施できるＡＩロボットができちゃったら……。

僕はそれでも、教員は生き残ると思うのです。

なぜか？

教えるマシンとしていかにロボットが完璧になったとしても、学ぶ喜びを教えることはできないだろうと考えるからです。君もそうだと思いますが、子どもって、教えてる大人というよりも、学んでる大人から多くを学ぶものなんです。

動物が大好きな先生が生物を教えるときの興奮。宇宙が大好きな先生が、尽きない探究心で天体望遠鏡を覗《のぞ》き、ついに流星を撮った写真をうれしそうに見せてくれたときのこと。古典が大好きな先生の歴史的なエピソードを交えたダイナミックな解説。先生たちの「学ぶのが好き！」というオーラが、波動のように子どもたちに共振していく。教育とは、伝染・感染なんだと思うのです。

だからこそ、読書好きのお母さんの子は本を読むのを苦にしないようになりますし、ピアノを楽しそうに弾く親に育てられれば、自然と音楽に親しむ子になるでしょう。

そのなかから、たまにピアニストも育ちます。

僕はよく、保護者や地域社会の大人たちにこういうメッセージを伝えています。「教育は伝染・感染なんです。だから、何かを無理やり教えようとしなくてもいいから、自ら学ぶ姿を見せてやってください。**じつは、大人の学んでいる姿こそが、子どもにとって最高の教材なんですよ**」と。

結論。「学ぶのが好き！」というオーラは、グーグルには出せない。

だから、「学ぶのが好き！」というオーラを出して、子どもたちにその学び方を伝染・感染させている教師は、いまから20年経っても生き残るだろうと思います。

2 「雇われる力」の基本は人柄と体力

君が人事部長だったらどんな人を雇いたい?

もし君が会社の人事部長になったら、どんな視点で新卒採用の面接をするでしょうか?

人事部長ロールプレイです。

とにかく芸達者でコミュニケーション能力が高そうな人ですか、それとも、実直な受け答えで仕事を確実にこなしてくれそうな人のほうを採用しますか?

大学時代にスポーツ系の部活をやってましたというパワーを評価しますか、それとも、囲碁の段位を持っている論理的な能力がありそうなほうを評価しますか?

緻密《ちみつ》に会社のことを調べてきて自分にはこれができるとプレゼンする分析力に懸け

ますか、それとも、海外に長く住んだ帰国子女の可能性に懸けますか？

100人会えば、百人百様。ましてや相手は就職面接でのプレゼン力を磨いてきていますから、みんなよく見えてしまうかもしれませんね。

採用倍率は7倍を超えると質が維持されると言われていますから、10人採用するなら70人以上、100人採用するなら700人は面接したいところです。もちろん、人事部長1人で700人に会うわけにはいきませんから、通常はリクルーターと呼ばれる若手の面接係を確保し、一次面接で通過してきた人材を二次面接で人事部長が評価することになるのです。

10人だとなかなか多様性を確保することはできませんが、100人採用するなら、7割がたは処理能力重視で普通の仕事なら大丈夫だろうという人材を採用し、あとの3割に多様性を求め、いろんな色を織り交ぜることになるかもしれません。さらに3〜4人は、迷うけれども勝負しようかなとか、意外と伸び代があってあとから大化けするかもとか、もしかしたら天才？……というようなリスクのある人材も交ぜるのが理想です。人事部長ではリスクが取れないなら、社長面接で決めてもらう手もあります。

再び、41ページの逆三角形の図を見てください。

たいていの組織の人事部長は、こんな考え方をしていると思ってくれれば、そう遠くないでしょう。今度は応募者の視点に戻って、よく聞いてくださいね。

この三角形の3つのポイントが、そのまま評価のポイントです。


まず、ベースとしての「人間力」を面接で見極めたい。実際には、なかなか難しいんですけどね。基本になるのは、その人の「人柄」と「体力」でしょう。

君だって人柄の悪い人とは一緒に働きたくないでしょうし、体力がなければ仕事が続きません。つまり、これらは最低限の条件だということ。

なぜ人事部長が体育会系の部長経験者が好きかと言えば、一般的には集中力や精神力、忍耐力に加えてリーダーシップがあるんじゃないかと解釈できるからです。

次に、左側の基礎学力が、基本的な事務処理能力を保証する目安になります。

たいていの企業が学歴重視で採用を決めるのには、じつは十分に合理性があるのです。

なぜなら、**どれくらいの偏差値の大学に入ったかは、少なくとも18歳時点での君の処理能力を保証するモノサシになるからです。**高校までの成績が一生を決めるとまで言われたのは、左側の比重が「雇われる力」のなかでいかに高かったかを示しています。その大学で何を学んだかではなく、入試がどれほど難しかったかのほうを、これまでの企業は信用していたということになりますね。

もっとも、この傾向はこれから改まるはずなのですが。

「雇われる力」はバランスが重要

どう改まるのかと言うと、右側の情報編集力重視になっていく流れです。第2章で「右の情報編集力側の5つのリテラシーは、実社会で必要とされ、この10年でますます大事になる「アウトプット」です」と述べました。周囲の人たちとコミュニケーションしながら、ロジカルに自分の仮説を考え出し、マーケットの変化をシミュレーションしつつ、顧客の反応や判断をロールプレイすることで仮説を強化して、最後には相手が理解できる言葉でプレゼンテーションできるかどうか。

ひと言で言えば、情報編集力が高いかどうか。これが、できるビジネスパーソンの条件だからです。

この逆三角形を大人になるまでにバランス良く育めるかどうか。それが、君自身の「雇われる力」を決めるということ。

もっとも、完璧な人なんかいませんから、誰でも入社してから弱点を補強し、長所をさらに伸ばしていけばいいんです。あくまで「修正主義」で取り組んでいきましょう。

学力と人間力、どっちが有利か?

入社試験に筆記試験があれば、左側の情報処理力を見極めるためのものだとわかりますよね。さらに、グループ面談であるテーマについて議論させられたり、インターンシップで課題を与えられたり、プレゼンをさせられたりすれば、それは右側の情報編集力を見極めたいからやってるんだなと、ここまでこの本で学んできた君ならわかるでしょう。

でも、会社案内や応募書類のどこを読んでも書いていない要件があります。図の下

の基礎的人間力の部分です。

じつは、会社のほうでも、ここには明確な基準なんてないんです。それでも、体力、忍耐力、精神力、集中力、持久力、直感力、想像力など「力」がつくものについては、過去の実績や話してもらったエピソードからなんとか類推することができます。

忍耐力のない人にマラソンを続けることはできないでしょうし、ピアノを10年以上続けている人には、たぶん集中力が備わるはずです。

でも、「力」という文字では表現できない人間の美徳ってありますよね。**誠実さ、ひたむきさ、やさしさ、のような美徳。処理でも編集でもないものです。**

面接を終えた人事部の会議では、じつはこうした言葉が飛び交うことも多いのです。とくに、どっちを採るかで迷ったときには、誠実さ、ひたむきさ、やさしさ、のような美徳が決定打になることもある。

もちろん、はじめから純粋なヒューマンワークに近い、看護や介護や保育などの現場では、こちらのほうが「雇われる力」に貢献することも多いです。

事務処理の仕事がＡＩ×ロボットによって消滅していく過程では、「雇われる力」に必要な要件も左から右にシフトしますから、情報編集力の重要性が増すとともに、基礎的人間力が再発見されることになると思われます。

3 目の前にいる人に信用されるかどうか

人柄を高めるための3つの基本

誠実さ、ひたむきさ、やさしさ、のような美徳のことを、前の節では「人柄」と総称しました。では、どうしたら人柄を高めること、豊かにすることができるのでしょうか？

僕はこう考えています。

目の前にいる人に真摯《しんし》に向き合うことでしか高められないだろう、と。

どこかにいる他人やどこかの大きな組織ではなくて、目の前の1人です。目の前にいる人を満足させたり、喜ばせたり、ありがとうと言わせることができるかどうか。

それができない人に、社会を変えることはできないでしょう。

他人が君に与える信任のことを僕は「クレジット」と呼んでいるのですが、まずは「クレジット」を高める努力をしていきましょう。「クレジット」は、あなたに与えられる他人からの信任の総量のことを指します。理性的な「信頼」と感情的な「共感」の関数だと思ってください。つまり、クレジット（他人から与えられる信任の総量）＝F（信頼×共感）という式が成り立ちます。

政治家であれば、まさに得票数で表されるでしょうし、アメリカの大学では、学生が卒業のために蓄積していく「単位」のことを指します。

人柄を高め、クレジットを蓄積しようとするとき、何が基本になるか。

それは、**①挨拶ができること、②約束を守ること、そして、③人の話が聴けること、**でしょう。

だから学校でも、先生たちはこの3つを生徒指導の基本方針にしているはずです。

あとは、各家庭や学校、地域によって、あるいは人によって重きを置くポイントが異なるかもしれません。他人の身になって考えられるロープレ力を重視したり、古いものを大事に使う精神を重んじたり……。

目の前にいる人からのクレジット。毎日生活を共にしている人から与えられるクレジット。チームのなかで自分の役割を果たすことで得られるクレジット。

基礎的人間力の中核をなすクレジットの高い人柄については、半分以上は家庭環境のなかで育まれるものでしょうし、学校のなかでは授業というより部活や行事のような課外活動によって育まれる可能性が高いでしょう。

昨日より今日、今日より明日、進化するには？

クレジットを蓄積するためには、目の前の1人を大事にして、地道に信頼と共感をゲットしていく以外に方法はありません。この時間を短縮することはできないのです。

そしてクレジットが高まれば、自然と、夢が現実になる確率も高まります。

信任の高い人物には応援団がつくし、資金的な援助も得られるでしょう。何より、ネットワークが川となって、流れる水のごとくにエネルギーが集まってくるからです。

繰り返します。一歩一歩クレジットを積み上げれば、夢は現実になる。

そんなに難しく考えなくてもいいんです。君が通う学校でも、クレジットを積み上げる訓練はできます。

一日一善、君たち1人ひとりが1日に1つだけどこかを良くしてくれたら、1つだけでいいから何かで貢献してくれたら、1000人の生徒がいる学校なら、1日に1000カ所良くなりますよね。1年に200日学校に出てくるとして、年に20万カ所。3年でなんと60万カ所が良くなることになります。

そのほかに先生や保護者や地域の方々の貢献もあるから、3年間で100万カ所は良くなるはずです。

100万カ所、日々改善していって良くならないものなんてないでしょう。

これが、夢を叶えるときの集団の力です。トヨタ自動車もこれで世界一になりました。


でも、まず君は自分の周りのこと、すなわち君にとっての現場を意識してください。どこか他の抽象的な課題ではなく、君の現場です。

教室で授業中に質問をしてみる、部活でめげそうになってもがんばってみる、目の前に落ちているゴミを拾って片づける、友だちが困っていたら助ける……そうした身近なことから始めて、しだいにクラス全体とか学年とか学校とか、そして世の中へとつなげていってもらえればいいんです。

一歩一歩クレジットを積み上げれば夢は現実になるという話を、別の例をあげて示しておきましょう。君たちはどこまで行けるのかについて、希望を持ってほしいからです。

たとえば、ある世界でトップに立つのに（必ずしも社長になったりウィンブルドンで優勝するのでなく、その分野で揺るぎない存在になるのに）、1000段の階段があるとします。ちょうど20段で1階分の階段を上《のぼ》るとしたら、50階建てのビルをてっぺんまで上るのと一緒ですよね。

このとき、下からこのビルを見上げれば、はるかかなたに頂上があるから、辿り着くのはほとんど無理だとたいていの人は思ってしまいます。

あるいは、上る努力をしないでアタマを使っててっぺんを目指すのに、天から舞い降りる方法を探そうとするかもしれません。

まずスカイダイビングの資格を取って、降下ポイントまで連れて行ってくれる飛行機を探し、さらに天候の良い日を選んで、落下傘でビルのてっぺんに降下する方法です。ただし、10年かけてスカイダイビングの技術を磨き、飛行機をチャーターするお金を貯めても、その日が晴れるかどうかはわからない。風がどう吹くかもその日の運しだいになります。

だったら、地道に上っていくほうがいいんじゃあないか。

1年に20段しか上れなかったとしても、50年かければ必ず頂上に着くんです。1年に50段の階段を上り、10年で25階まで到達した人なら、もう頂上は見えてきたも同然。ゆっくりいってもあと10年、はじめてから20年で必ず頂上に着くわけです。

つまり、**「もう歩き始めているか、最初の1段を上り始めたか」だけが大事なんです。**

あとは、試行錯誤の連続。人生では、階段が頂上に向かってまっすぐ延びているわけではなく、らせんを描くように曲がりくねっていたり、上ってるはずが下っていたり、ゲームのように元の場所に戻っちゃったりする気がするものですが、それもこれも行き止まりになっているということはない。

道は必ず続いていて、何ひとつ無駄はないようにできていると信じてください。

とにかく手数を増やそう!

ところで、「試行錯誤」って言葉で言うのは簡単ですが、どういう意味なんでしょう?　やさしく言えば、とにかく「手数を出しましょう!」ということですよね。

1日に1人にしか会わない人と、10人会う人を比べてみましょう。

1年365日だと、365人に会ったか、3650人に会ったかの差が出ます。一生つき合える友人や仕事仲間に出会う確率が1000分の1程度だと仮定すれば、前者では出会うのに3年かかるかもしれない。一方、後者では1年で3人の友人に巡り会える可能性があります。

1年に1冊しか本を読まない人と、毎週1冊読んでいる人にもこの差は出ます。週に1冊本を読んでいる人には年間50冊の蓄積ができますから、10年くらいで自然に体から（脳から）言葉があふれ出して、書きたくてしょうがない人になるかもしれません。

私のように、年間100冊読むことを自分に課してから5年で、著述家としての別の人生がそれまでの人生から分岐する可能性も出てきます。営業や経理の仕事を覚えるのでも同じ。君たちが取り組む部活の練習と変わりません。

テニスなら、1球でも多く相手が打った生きたボールを打つこと。手数を出すこと。ようは、練習量なんです。

世の中には、「ハックする」とか「手間を省く」という言葉があふれているので、いかに要領よくやるかにとらわれてしまうのは理解できます。

でも、**イチロー元プロ野球選手や香川真司選手のような天才に見える人たちが、どんなプロセスを経てあのようになったのかを考えれば、結局、地道な練習量の積み重ねしかありえないことがわかるでしょう。**

どこからともなく白馬の騎士が現れて連れて行ってくれるわけではなく、ひたすら手数を出して、こうかな、ああかな、これはいい感じだな……だったら繰り返して体に覚え込ませてしまおうじゃないか、というゲーム。

それが、試行錯誤という名のゲームなのです。

私は手数のことを「ストローク」と表現していますが、「ストローク」は多いほうがいい。ボクシングで言えば、ジャブです。それでも万人に等しい結果が出るわけではなく、同じことをやっても差がつくのには3つの理由があります。

1つ目は「ストローク」のリズムとテンポ。速いリズムのほうが多く打てますよね。

2つ目は、続ける喜びを得られるかどうか。1万時間（1日3時間で10年）ストロークし続けられるというのは、一種の才能なんです。

最後、3つ目は、ストロークのたびに自分の脳にフィードバックがかかるかどうか。「あ、これかな？　ここ、このいい感じ！　こっちは違うな」というようなフィードバックを常にかけている人は、無限に自分を改善しているようなもの。

ですから、1000カ所、1万カ所の改善運動が効いて、トヨタが発明して英語にもなった「Ｋａｉｚｅｎ」運動のように、結果が群を抜くようになるんです。

さあ、今日から始めましょう。

エッ？……もう始めてるって……ならばＯＫ！

第5章

一生が90年の時代のライフデザイン

1　30代まではたくさん恥をかこう

無謀に生きて経験値を貯めよう

10代、20代は、いっぱい恥をかかなきゃダメなんだよと、ことあるごとに生徒には語るようにしています。学校でも、大学でも、会社でも、海外に行ったときも。

なぜなら、**恥をかけばかくほど、君の「経験値」が上がり、クレジットが蓄積されるからです。**実際のロールプレイング・ゲームでも、何度も対戦して攻撃方法を覚え、経験値を積みながら次のステージに行くでしょう。

そうなんです。

勘のいい人は気づいたかもしれないけれど、前の章に出てきた「クレジット」という一見とっつきにくい言葉は、じつはゲームにおける「経験値」という言葉に翻訳できるんですね。そのほうが馴染《なじ》みやすい人は「経験値（クレジット）」をイメージしながら、ここから先を読んでください。

君たちには、できるだけ「間違うと恥ずかしい」「叱られちゃいけない」「失敗するのは恥だ」という感覚を捨ててもらいたいのです。ただし、なんでも好き勝手にしていいという意味ではありません。

「できるだけ他人には迷惑をかけない」とか「人が嫌だと思うようなことはしない」とか「その場の空気を読む」というような、学校の先生が生徒指導でよく指摘することは、できないより、できたほうがいいです。

でも、そのメッセージを過剰に受け取って「恥」の感覚を強くしすぎちゃうと、何もチャレンジできない人になってしまうリスクがあります。

大事なので繰り返しますが、もっと間違っていいし、叱られていいし、失敗していいんです。そうして恥をかきながら「経験値（クレジット）」を積んで、自分の世界観を広げていきましょう。

敵と対戦しながら、ゲームのステージを次々に登るのと一緒です。

「恥」と「嫉妬《しっと》」に縛られる日本人

日本の社会システムには、農業を中心とした村社会だった頃の「村の平和のための安全装置」がまだ働いています。これを詳しく説明すると、それだけで1冊の本になってしまうのですが、結論だけひと言で述べますね。

たいていの人は意識してないんだけれども、日本人は、その村社会の歴史的なしがらみにいまだに縛られているんです。何が君たちを縛っているか。大人たちも含めて、何に呪縛《じゅばく》されているのか。

「恥」と「嫉妬」という感覚です。

村のボスの立場になってみてください。

「叱られるのが恥ずかしい」と思わせておけば、村人はあまり羽目《はめ》を外さないし、みなに標準的な振る舞いを身につけさせるには好都合でしょう。日本人は大人になって社会に出てからも、「叱られるのは恥だから、叱られないように」というきわめて学校的なルールで一生を生きているのだと指摘する評論家もいます。

また、何かラッキーがあったり、良い条件が得られたり、突出した能力を発揮するような人に対しては「嫉妬」という心理が働いて、「出る杭《くい》は打たれる」ということわざ通りに村人からバッシングを受けることになります。これなんか、いまだに繰り返されていることに君も気づくでしょう。

大成功した有名人が、お金や男女関係などのちょっとしたいざこざをキッカケにマスコミから大バッシングを受けて、その世界を追放されるようなことも、絶えず起こりますよね。次は誰が魔女狩りの犠牲になるのか、楽しみにしている人もいるんじゃないかな。ネット依存症の人などは、こういう機会を狙って悪口の限りを書き連ね、ストレス発散したりもします。

日本の社会では、「嫉妬」が警察官の役割を果たしているとする学者もいるんです。言い得て妙ですよね。

この章では、一生が90年の時代のライフデザインについて述べていきますが、現在の日本では成人が20歳ですから、16歳で8割がた大人じゃなきゃいけないことになります。

でも、成人を20歳と決めたのは、平均寿命が50歳前後だった頃の明治期の日本です。あの不朽《ふきゅう》の名作『坂の上の雲』の主人公・秋山真之や夏目漱石は49歳で死んでいますしね。その前の江戸時代はもっと短命だったから、15歳くらいで元服させて戦《いくさ》にも参加させたし、結婚もしました。

いまは寿命が倍に延びて、君たちならたぶん90歳前後まで生きるのでしょうから、成人式はその半分よりちょっと前の、40歳くらいでいい感覚ではないかと思うのです。ゆっくり大人になればいい。

45年間ほどの人生では、20歳で成人すれば、大人の期間はあと25年です。40歳くらいで隠居して、あとは悠々自適《ゆうゆうじてき》の余生だというのもわかります。でも、90歳前後まで生きる君たちにとっては残りが長すぎる。60歳で会社を退職したり現役を引退したとしても、あと30年あるんですから。

100年前の一生分が余るわけです。だったら、やはり倍の40歳で成人するんだと考えればいい。法律や制度を変更する必要はありません。自らがそう考えて生きればいいんです。40歳からでも、50年の大人としての人生が待っているのですから。

だから僕は、30代まではあまり「恥」や「嫉妬」に惑わされず、ある意味、無謀に

生きるのがいいと考えています。

早熟な人は例外ですが、社会的なミッション（使命）を持った大人として生きるのは、40代からでいいのではないでしょうか。それまでは下準備ですから、無謀に生きて、いっぱい恥をかいたらいい。違いますか？

人生は出会い頭の事故から始まる

意外に聞こえるかもしれませんが、**人生をあらかじめ設計しようとしてもうまくいくものではありません。**99％が偶然の出会いによって起こると言っても過言ではないでしょう。

人との出会いとは限りません。物事との出会い、ちょっとした経験、偶然置かれた環境……そうしたものに影響されて、人生はどんどんズレていくものなんです。

野球のイチロー元選手やサッカーの香川真司選手、あるいはフィギュアスケートの羽生結弦選手や卓球の福原愛元選手のような、まっすぐな人生を歩める人は稀《まれ》です。

だから、君がもし、そういう運命づけられた人生を生きている場合には、ここから先を読む必要はないと思います。

逆に言えば、9割以上の人は運命づけられていない人生を歩みます。**最初に入社した会社で、ある程度人生が決定されたのは、親の世代まででした。君たちは、どんどんズレていっていいんです。**

僕の最初の夢は、タクシーの運転手さんになることでした。いや、それだって、昭和30年代ですから車社会が始まったばかりで、一度だけ乗ったタクシーの運転手さんが格好良く見えたというだけの話です。

その後、小学校の低学年では、テレビに映る読売巨人軍（ジャイアンツ）の姿に憧れて、長嶋茂雄選手の3番を背にしたユニフォームを買ってもらいました。近所のおばちゃんがお愛想で「カズくんは、大きくなったらジャイアンツに入団するんでしょ。契約金もらったらおばちゃんにも分けてね」と言えば、元気よく「うん！」と返事をしたものです。大人は、このひと言で「この子の夢は野球選手になることなんだ」と決めつけることが多いし、親もこう言われると安心するようなところがありますよね。

本人にそれほどの自覚はなくてもです。

その後、小学校の高学年でサッカー界に釜本邦茂選手が現れ、サッカー少年に転向。1968年メキシコ五輪での銅メダルの快挙とともにアジア人初の得点王にもなったスターの登場です。でも、Jリーグは遥か遠い未来でした。この頃、無理やり書かされた夢には（本当は「夢」と言われてもイメージできなかったから）、刑事とか検察官とか答えておきました。父親が裁判所に勤めていたし、テレビドラマの「七人の刑事」などが格好良かったからです。そんなもんですよね。

中学でも、高校でも、夢になるようなキャリアのイメージはできなかったし、かといって研究者としてノーベル賞をとか、選挙に出て政治家になって総理大臣を目指すという想いもなかった。大学は経済学部ですが、経済をやりたくて入ったわけではなく、たんなる受験対策で一番入りやすいと言われたところにチャレンジしただけなんです。

ここまで書いてきて、もう君も気づいたと思うのですが、リクルートという会社で営業や新規事業をやる想いも、メディアファクトリーという出版社を創業することも、安比《あっぴ》高原スキー場の開発に関わることも、40歳で会社を辞めてフリーランスになることも、その後、二度までも校長先生としてのキャリアを歩むことも、どこにもイメージされていなかったのです。

実際、学校に関わって「先生」と呼ばれる仕事をするなんて、高校・大学時代の僕にはまったく想定外でした。どんどんズレていって、それでも、ライフワークと言える「教育改革」のテーマに落ち着くのは50代の前半。40歳で会社から巣立つわけですが、まさに「40歳成人説」を地でいった感もあるんですね。

成功する人のキャリアも偶然によって形成される

成功した人物がよくインタビューを受けて、自分の人生を振り返ることがあります。小さい頃にこういうところに連れて行ってもらったとか、おばあちゃんが何度もこういうことを言っていたとか、この本に影響を受けたとか。

もちろん、それぞれの心温まるエピソードは嘘ではないと思います。ですが、それらはやはり、成功者が改めて過去を振り返って記憶をたぐり寄せ、再編集した物語なんです。

「小さい頃からおままごとが好きだった」＋「おばあちゃんから入学祝いにエプロンをプレゼントされた」＋「家庭科の先生に教わったカレーのレシピが忘れられない」……とくれば必ず、レストランのシェフとして成功した人に結びつくように思えてしまいますよね。

実際、自分がオーナー・シェフとして人気店を構えた成功者はそのように語るかもしれない。

でも、その3つの経験をした人は1万人いるかもしれません。そのうち、料理業界に入った人は多くても10%。ましてや店を持つまでに成功する人は1%以下だと断言できます。

つまり、みんな偶然に支配されて生きているんだけれども、改めてインタビューされて記事にまとめるときには、一本筋が通っていたほうがわかりやすいから、筋が通った物語にしているのだと考えたほうがいい。書籍に書くときは、この傾向はもっと強くなります。一本筋が通っていないとじつに読みにくくなるからです。

だから、**成功者が語る過去のエピソードを聞いて、自分も同じことを経験すればそのようになれるとは信じないでください。**君が生きる時代とは、タイミングも、チャンスも、技術も、環境も、みんな違うんですから。

2 コミュニティという財産を蓄えよう

コミュニケーション力を伸ばす「ナナメの関係」

世代を超えた先輩・後輩との関係のことを、僕は「ナナメの関係」と呼んでいます。その地域に住んでいるおじさん、おばさんとの関係や、おじいちゃん、おばあちゃん、兄弟との関係などがそうです。

教師と生徒の関係は「タテの関係」、親子の関係も「タテの関係」、それに対して、同世代の友だち同士の関係は「ヨコの関係」。それらと区別しているのです。

「タテの関係」は基本的に上下がはっきりしていますから、君は従うか反発するかの二者択一になりがちで、コミュニケーション能力を鍛えるにはあまりふさわしくないんです。

「ヨコの関係」では、興味のあるタレント、テレビや部活の話に花が咲くでしょう。親友には、好きな人のことや悩みの相談もするかもしれません。

しかし、友人との会話は、チャットのような独り言の応酬になりがちなことに君自身は気づいていましたか？

独り言の応酬というのは、合間合間にひたすら自分の話をしていくような会話のことを指します。「昨日、このテレビ見た」と友人が言うと、君が「僕はこっちを見た」と、自分のしたことや感想を独り言のようにつぶやくマナーで会話が続きますよね。これだと、相手を傷つけてしまう心配がないので仲良しを続けるには好都合なのですが、コミュニケーション技術を高めることにはならないのです。

友だち同士のシチュエーションでは、意見を戦わせるようなこともないでしょう。

情報編集の核となるコミュニケーション能力を伸ばすのは、「ナナメの関係」の第三者との会話です。親子やよく知ってる先生とも違うし、友だちでもないから、相手のアタマのなかにある情報を想像して会話しないと理解しあうことができません。

相手のことがわからないから、どういう切り口でコミュニケーションし、どういう切り口で関係を結ぶかを試行錯誤せざるをえない。だから、「ナナメの関係」の知り合いが豊かになると、君のコミュニケーション能力を向上させる機会も豊かになることになります。

たくさんのコミュニティに参加しよう

とりわけ社会人になったら、職場とは別に、複数のコミュニティに参加して「ナナメの関係」を作っておくこと。これが君のキャリア形成のリスク・ヘッジ（安全装置）にもなるのです。会社や役所でルーティンの仕事が多く、ちょっと飽きちゃったり腐ったりしたときでも、コミュニティのほうに未知との遭遇や予期せぬ出会いがあれば、エネルギーが充填されるでしょう。

また、小中高生でも、地域のコミュニティの人々と豊かな関係を形成できれば、人間関係の揺れに強い子になれます。お父さんにこっぴどく叱られても、先生に「何やってるんだ！」と怒られても、「ナナメの関係」の大人たちが慰《なぐさ》めてくれたり、ときにはかくまって居場所を提供してくれるようなこともあるでしょう。

さらには、君が家庭や学校の規則を超えてやりたいことがあるときには、その志に打たれて「ナナメの関係」の大人たちがサポートしてくれるようなことも。だから、

図表14 「ナナメの関係」とは、人間関係における「筋交い」のこと

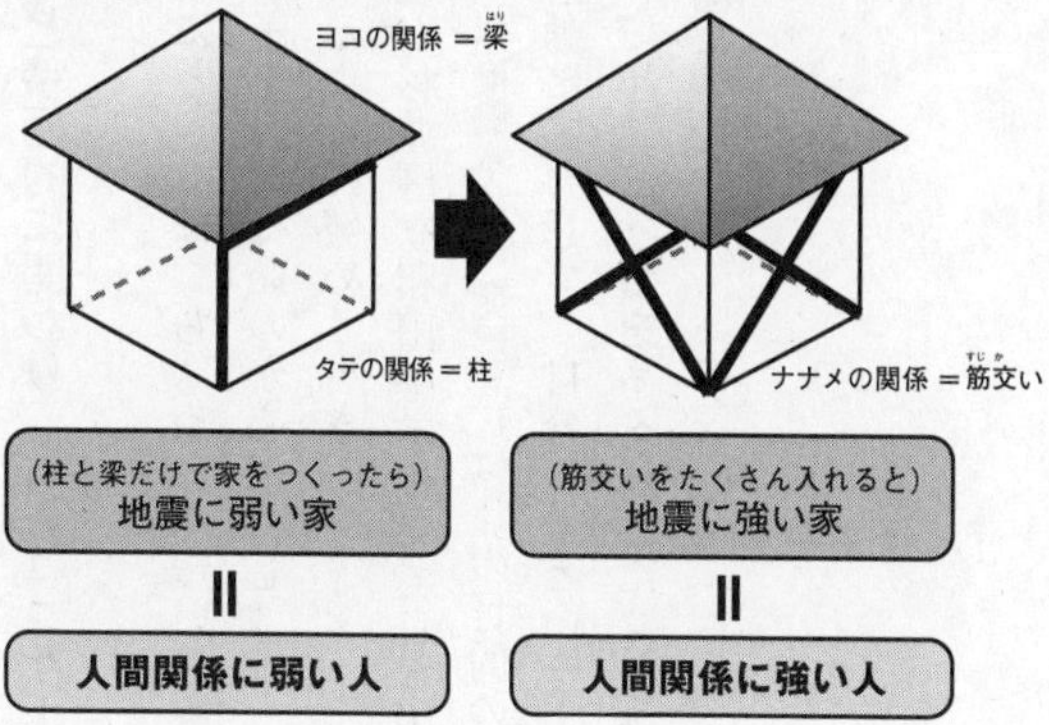

「ナナメの関係」が豊かなほうが、君の自己肯定感も満たされやすいのです。

「ナナメの関係」の大切さは、家づくりに例えるとわかりやすいと思います。図表14を見てください。

左のイラストのように、「タテの関係」を柱、「ヨコの関係」を梁《はり》に例えてみます。もし、家を建てるのに柱（タテの関係）と梁（ヨコの関係）だけで建てたら、どうなるか？

ちょっと地震があって揺れても倒れてしまう、弱い構造の家になってしまうでしょう。そこで、筋交《すじか》い（ナナメの関係）を入れるのが日本建築の伝統です。これで地震に強い家になる。

もし君が、人間関係に強い人を目指したいなら、いまから「ナナメの関係」の大人たちと積極的に関わり、コミュニケーションの練習を積んでみてください。

親にとっては、ちょっとくらい無視されても、いじめられても、人間関係の揺れに強い子を育てたいのが心情でしょう。だったら、お子さんの「ナナメの関係」を豊かにするように努めるべきです。

僕が杉並区立和田中学校発で日本中の学校に広めた「学校支援地域本部（現在は地域学校協働本部に発展）」はこの目的のために作られた組織です。まず、どうぞ自らこの活動に協力して、自分の子というより地域社会の子に関わり、自分の住むコミュニティで起こる学習をネタにしたコミュニケーションを豊かにしていってもらえるとありがたいです。

3　1回の人生では生ききれない

『坂の上の雲』世代と昭和・平成の世代

まず結論です。

人生が90年の時代には、1回の人生ではとても生ききれません。

もちろん、90年かけて1つのテーマを追いかける人生は美しいのですが、それができる人はわずかしかいないでしょう。

たとえば、宮大工として寺社仏閣を建てたり守ったりする仕事は、幼い頃から丁稚《でっち》奉公《ぼうこう》してベテランから技術を盗み、60年、70年かけて死ぬまでその技を磨いていくことになります。人間国宝としてのちに賞されるような職人系の仕事に就《つ》く人などです。

音楽家や画家のような芸術家、あるいは研究者にも、こういう生き方ができる人が多いかもしれません。

しかし、会社に入ったり、公務員になったりする多くの人たちにとっては、いささか事情が異なります。

4ページの図表2は、世代ごとの「人生のエネルギーカーブ」を表したものです。

1900年代初期（明治）生まれの世代は平均寿命が40～50年でしたから、その半分の20歳で成人して1つの仕事をマスターすれば、人生一山でお迎えが来ました。だから、図のタイプIのように生きられた。軍人であったり、商売人であったり、小説家であったり。45歳過ぎから隠居して家督《かとく》を長男に譲り、あとは悠々自適で余生を送ることが理想でした。

僕はこの世代のことを、司馬遼太郎さんの不朽の名作からヒントを得て、敬愛を込めて『坂の上の雲』世代と呼んでいます。坂の上に大きな雲（日本の独立やロシア打倒の夢）を仰《あお》ぎ見ながら、1つの山を一所懸命に登ることで、今日の近代国家の基礎を作ってくれた人たちです。

昭和・平成を生きている団塊の世代も、たいていの人は、この世代の影響を受けて60～65歳の定年が来るまで富士山型一山主義で生きてきた人が多かったはずです。それが専業主婦であっても。30代から40代、50代までを仕事盛りと呼んでピークに持ってくる生き方です。あとは60代から下り坂に向かい、美しく老いていく。「枯《か》れる」という表現を好む人もいます。

自分の知力、体力、精神力などの総合力やモチベーションのレベルを縦軸にし、生まれてから死ぬまでのライフサイクルを横軸にとれば、**図のタイプⅡのようなきれいな山なりの上がって下がるカーブになる。**

でも、いま45歳前後の親世代で、10年、20年後に定年を迎えようとする人たちは、このような生き方だと寂しい人生になってしまいますよね。

なぜなら、100年前に比べて、寿命が倍に延びているからです。経済が豊かになり、予防や衛生、保険、医療技術の進歩もあったし、なにより戦争をしなかったことが功を奏しています。

だから、退職してから20年の自由時間をどう過ごすか？……が大きなテーマになりました。

一生が90年の時代のライフデザイン

そして、令和を生きる君たちの世代です。

日本人の平均寿命はさらに延びることが予測されています（これについては異論もありますので念のため。団塊世代は無理をしてきたので全体の平均寿命を延ばすかどうかは疑問だという研究者もいることを断っておきます）。

仮に君たちに90年の人生が与えられたとしましょう。20代から同じ会社に40年勤めて60歳で定年退職したとしても、あと30年ある。実際には、会社が終身雇用を謳《うた》ってその後の人生までを保障しようとした時代は終わりました。

ですから、君たちはいくつかの会社を渡り歩いたり、途中で大学に戻って学びなおしたり、民間から公務員になったり、NPO・NGOに転じたり……図表2のタイプⅢのように、仕事を重層的に積み重ねていく**八ヶ岳型連峰主義**のイメージになります。

たとえば、20代から30代、40代から50代、60代以降と3回の人生を順繰りに生きる姿。企業でサラリーマンをやってから、その技術を生かした自営業者になって仕事をし、60代からアジアの教育分野のNGOに参加して国際貢献するような人生です。

あるいは、ある時点から、３つの人生を同時に生きるような姿もありえるでしょう。アクセサリーを販売するお店をやっているけれども、その生産は被災地である東北のお母さんたちに担ってもらい、同時にネパールの女性支援の仕事にも季節限定で参加するというような例です。３カ所のコミュニティをつないで、駆け回るような姿が連想されます。

いずれにしても、**単線型から複線型の人生観への転換が必要なのです。**

また、大事なのは後半戦です。父母の世代までは、まずは30代から50代までのピークがあって、定年まで辿り着ければホッとひと安心でした。

でも、君たちの世代は、そこからでもまだ30年から40年を残しているから、後半戦にも備える必要が出てきます。タイプⅢの図を見れば明らかなように、いまの仕事をやっているうちに、同時に次の山を作るための準備、つまり「裾野《すその》」作りが欠かせないことになります。

そこで大切なのは、コミュニティに参加すること。まず会社に入ったとしても、複数の組織外のコミュニティに属すことで、やがて育つビジネスやボランティアの芽を育んでください。

たとえば、地域社会のコミュニティでもいいし、被災地支援のコミュニティでもいい。好きな鉄道を趣味とした鉄ちゃん同士のコミュニティでも、君がイニシアチブをとってネット上に作ったコミュニティでもいいんです。それらが、メインとする仕事の山（本線）の左右にいくつか配置され（支線）、そのコミュニティでの人間関係を徐々に育んでいけるなら、やがて山にまで育つ仕事の「裾野」になりますから。

4　希少性の時代には、レアカードを目指せ!

稼げる大人を目指そう

仕事が消滅していく不確実な時代に90年の人生を生きる。

君たちには困難なことのように思えるかもしれません。でも、大丈夫。もう情報編集力の鍛え方がイメージできている君には、タフな状況を乗り越える覚悟ができているはずです。正解を当てる必要はない。試行錯誤を続ければいいんですから。

でも、1つだけ、常に頭に置いておいてほしいことがあります。

「みんな一緒」の成長社会では、みんな一緒に情報処理力を鍛えることが君の価値を上げたけれど、**「それぞれ1人ひとり」の成熟社会では、みんな一緒のほうへ行って**

図表15　日本人の時給には100倍の格差がある!

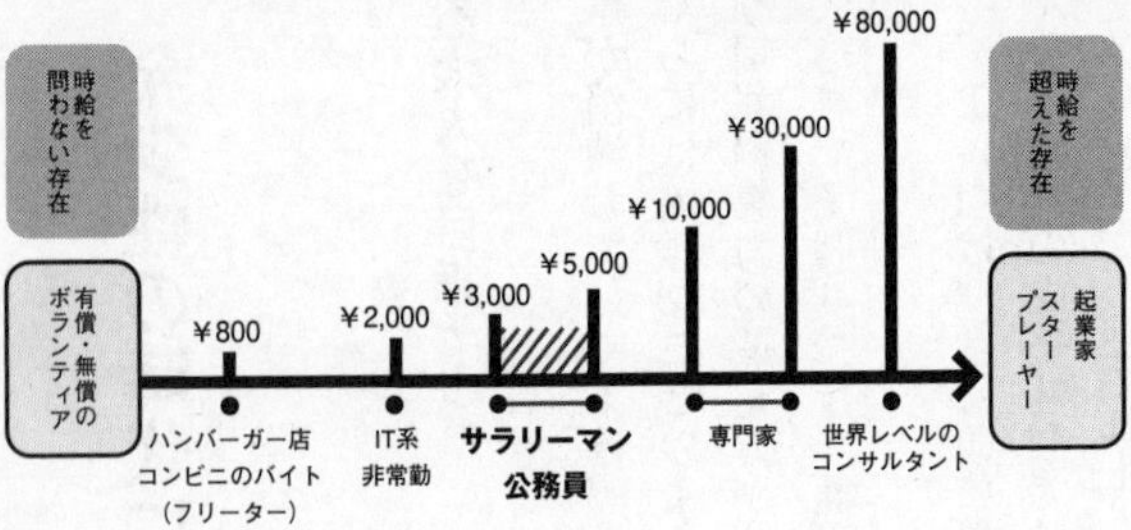

しまうと、どんどん価値が下がってしまうということ。

どうしてなのか?……いまから解説しますね。

まずは、図表15を見てください。

これは、日本で働く人々の「時給」を、少ないものから多いものの順に左から右へ並べたものです。君たちには「稼げる大人」になってほしいと心から思いますが、「稼げる」ってどういうことなのかを、この図を使いながら教えたいと思います。

「稼ぐ」というのは何も巨万の富を得るとか、えげつなく儲けるという意味ではありません。「稼げる大人」というのは、経済的に自立していて、きちっと税金を納め、社会に貢献している社会人という意味です。

では、なぜ「時給」で考える必要があるのか？

よく大人たちは、月給とか年収の話をしたがりますが、たとえば「月給が2割上がった！」と喜んだとしても、その月の残業が激しくて時間にして3割余計に働いていたとしたら、どうでしょう？

働く効率は上がっていませんよね。もし、このような考え方で稼ぎを増やしていこうとすれば、体の限界までたくさん働くしかない。結果、体を壊したり、精神を病んだり、倒れてしまうリスクもあります。日本ではよく起こることなんです。

だから、時間当たりに生み出す付加価値、すなわち「時給」で考える必要があるのです。

君の親の時給はいくら？

でも、たいていの大人には、自分の稼ぎを「時給」で考える習慣はありません。そこで、君たちにちょっと働きかけてほしいんです。親が過労で倒れないように。やるべきことはシンプルです。

①まず、親に昨年度の年収を聞きましょう。たいてい知ってます。所得税のベースになりますから。できたら「源泉徴収票《げんせんちょうしゅうひょう》」を見せてもらってください。

②次に、昨年度は親がそれぞれ1年間に何時間くらい働いたか、年間総労働（仕事）時間を聞いてみましょう。大事な数字なのですが、これについては「エーッ、わかんないなあ」と9割の親は頭を抱えると思います。その場合、君が以下の基準値を教えてあげて、一緒にだいたいの時間数を割り出してみましょう。

1日8時間働く人が週5日間だと、総労働時間は週40時間ですね。このペースの場合、1年間は50週ですから、40時間×50週＝2000時間になります。この年間総労働時間「2000時間」を1つの目安にしてください。デンマークなど、北欧並みのワーク・ライフ・バランス意識が働いていて、けっこう余裕を持って働いているという人は、1600時間くらいかもしれません。一方、残業もあってけっこう大変という人は、3000時間になるような人もいると思います。日本の会社の管理職（店長を含む）であれば、休日出勤があったり、休んでいる部下のフォローがあったりと、1日8時間勤務というわけにはいかないかもしれないから、2400時間くらいは働いているんじゃあないかな。また、自営業者など厳しいケースでは、1日10時間以上365日開業していれば、4000時間近くになる場合もあるかもしれません。

わからなければ、とりあえず年間総労働時間を、2000時間（普通）、2500時間（たいへん）、3000時間（チョーたいへん）のレベル分けで、仮置きしておきましょう。

③最後に、年収÷年間総労働時間で「時給」を求めます。①÷②＝③ですから、割り算するだけ。簡単でしょう？

さてさて、君の親たちの「時給」はいくらになったでしょうか？

仮に、どちらかが主婦（夫）だった場合は、給与がありませんから①が求められません。でも、家事労働を、掃除はいくら、洗濯はいくら、食事を作るのはレストランに行けばいくらと、それぞれアウトソース（外部の業者に発注）する場合をもとに給与換算したら、400万円前後になったという研究成果もあるんですよ。

会社の正社員であっても、たいていの場合は2000円から5000円の間に収まるのではないかと思います。経理課長であっても、４００万円の年収で２０００時間働いていれば時給２０００円ですし、取締役営業部長が１５００万円の年収でも３０００時間働いていれば、時給は５０００円となるでしょう。

時給５０００円だったら、東大や京大に必ず入れますという技のある家庭教師はこれくらいとるでしょうから、たいしたことないなあと君は思うかもしれません。

でも、なぜ会社で働くかというと、時給には現れないメリットをお父さんやお母さんは得ているからなんです。これを「フリンジ・ベネフィット」と言います。

まず、会社の名声。大きい会社で働くと、その会社のブランド力が部分的に会社員個人にも乗り移ります。名刺を出すときや名乗るときにプライドを持てますよね。地位や役職によっては人事権、予算権が与えられ、権力を行使できます。

それから、年金が自営業者のような国民年金ではなく厚生年金になり、定年後のリターンが多かったり、保険も有利で良い病院に行けたり。一般的には良い会社ほどこうした保障が大きくなるし、即クビになる危険もないから、人生が保証されたような気になるものなのです。

時給はそれほど高くはないけれど、会社員はそうした保障を買っているんですね。

公務員も一緒です。

日本人の時給の差はおよそ100倍！

さて、改めて194ページの図表15に目を転じてください。

一番左が、高校生がハンバーガー店やコンビニでのバイトで稼ぐ時給。800円前後ですよね。夜のシフトに入れば、大変だから1000円くらいいくかもしれません。映画を高校生料金で見るためには、1時間けっこう大変なバイトをする必要があるということでもありますね。

右に行けば行くほど、1時間当たりの付加価値が高くなります。つまり、時給が上がるということ。パソコンが使えて、プログラミングができたりすると時給は2000円台に。ゲームのプログラミングができれば、もっともらえるでしょうが。

真ん中あたりが、サラリーマン、公務員や教員の領域。普通の給与所得者はたいていここに含まれます。

そこから右寄りに専門家の仕事が広がります。代表的なものを例にとれば、大工さんでも家一軒建てられるような棟梁《とうりょう》の技術を持っていれば時給1万円以上。庭師さんでも大きな庭の設計までできる人ならやはり1万円以上でしょう。弁護士は増えすぎちゃって、いま資格を取っただけでは食っていけませんが、人気のある弁護士なら1時間当たり3万円は請求されます。

一番右に、世界レベルのコンサルタントの時給を示しています。具体的にはマッキンゼーのようなコンサルティング・ファームのシニアコンサルタントをイメージしていますが、仕事を頼むと1時間当たり8万円は請求してくると考えていいでしょう。人件費として8万円ですから、実際にはオフィスの家賃や事務スタッフの人件費、コンピュータでの分析や外部発注したものの経費も間接費としてすべて乗せてきますから、シニアコンサルタント1人に1時間当たりその3倍は請求してくるかもしれません。

こうして見てくると、**ニッポンで働く人の時給は800円から8万円の間に分散していて、その差はなんと100倍！　もあることがわかるでしょう。**

断っておきますが、この図は「1時間当たりに生み出す付加価値」の順にできるだけシンプルに並べたものであり、仕事に本来、貴賤《きせん》の差があるわけではありません。どっちのほうがどっちより大切かとか、どれだけ尊いかということではありませんので、勘違いしないようにしてください。そのことは、800円のさらに左側に、有償・無償のボランティアワークの世界、すなわち「時給を問わない存在」が広がっていることからもわかると思います。マザー・テレサが象徴する世界ですね。

また、時給8万円の右側にも「時給を超えた存在」がひしめく世界があります。起業家や、音楽・スポーツなどのスタープレーヤーの世界です。株式市場で億単位のお金を集め億単位の人が利用する商品・サービスを提供できる人や、テレビやネットを通じて世界中の人々に感動を与えるパフォーマンスができる人。億単位の拍手が集められる人と言ってもいいし、億単位の人から「ありがとう！」が集まる人という表現もできると思います。

イチロー元選手や香川選手のことは言うまでもありませんが、1つだけビジネス界の例をあげれば、ソフトバンクの孫正義さんの後継者かとウワサされ、招かれたインド系の経営者に、半年の間に100億円を超える報酬が支払われたことが大きな話題になりました。

仕事も需要と供給で値段が決まる

いよいよ最後に、本題です。

稼ぎの本質について、考えてみましょう。

「稼げる大人」の条件とは何か？

より多く稼ぐには、図表15の左から右に自分自身の仕事レベルをシフトする必要があります。800円から8万円の100倍の差があるわけですから、君だって、時間をかけていいから、なるべく右側に寄った仕事に就きたいはずですよね。

また、サラリーマンや公務員だったとしても、できるだけ右寄りにポジショニング（位置取り）して、稼ぎをアップしたいというのが本音でしょう。

では、君たちの一生を左右する、大変重要な問題です。

「この横軸を支配するルールは何でしょうか？」

別の聞き方をすれば、「右へシフトするための鍵は何か？」「何がアップすると、右に行けるのか？」ということになります。

「どうすればもっと稼げるの？」という質問に対する答えも一緒です。

小学校に僕がこのテーマで出前授業に行くと、高学年の子たちは真っ先に「仕事の大変さ?」と答えてくれます。でも、大変さだったら、ハンバーガー店の夜勤のバイトも大変だよね。「じゃあ、年齢かな? 熟練の人のほうが時給が高い?」って答えもあります。しかし、若手の専門家もいるしコンサルタントもいる。

大人は、「技術でしょう」という答えで満足してる人が意外と多いんです。でも、違います。プログラマーの技術の高い低いと、庭師の技術の高い低いは比較できませんから、技術は横軸を支配する鍵ではありません。むしろ、IT系非常勤の上に縦軸を立てて、そこに2000円から20000円の幅があるようにしてもいいですね。その上下を支配するのが「熟練度」とか「技術」でしょう。庭師の仕事にも、弁護士の仕事にも、縦の軸が立っていて、それが技術軸だということ。縦の軸は技術が鍵を握りそうです。でも、横軸はそうじゃない。

横軸を支配する鍵は何でしょう?

ズバリ「希少性」です。

「レアさ」と言ってもいいんですが、どれだけ希少性があるかが横軸を支配します。一番左のコンビニ店のフリーターはマニュアルワークですから、たとえ君がその仕事をやっても、誰かほかの人に取って代わられる可能性がいつもある。中国やインドからの留学生でも、日本語がある程度できれば戦力になりますから。日本は移民を大量に受け入れていないからまだ値崩れしませんが、この労働市場が開放されるようなことがあれば、1時間800円の相場も崩れてもっと値が下がる可能性もあるんです。

そうして、この図の横軸を右に辿れば、だんだん「かけがえのない仕事」になっていきますよね。一番右では、コンサル先の会社の社長が、君じゃなきゃだめだと太鼓判を押す。君がやってくれるからこそお金を払うんだよ、と。いわゆる指名買いですね。

こうなれば希少性は保証されます。

商品やサービスの価格が需要と供給の関係で決まることは、中学の公民や高校の経済で習ったはずです。でも、仕事というものも需要と供給の関係で1時間当たりの価値が決まることは、あまり学校では教えていないようです。これは問題ですね。だから僕の「よのなか科」では、このテーマについて議論しています。

つまり、**仕事というものも、需要と供給の関係から逃れられないということ。**だったら、君が労働市場のなかで価値を高めるためには、具体的にどうしたらいいのか？

需要が大きくて供給が少ない仕事をすることです。あるいは、需要はそれほどでもないけど、供給が1人だけなら仕事を独占できます。後者の例は、その仕事をやっているのがその地域に1人しかいない、たとえば「佐渡島に1人」「淡路島に1人」というケースです。

自分自身をレアカード化しよう！

成熟社会では、成長社会のように「みんな一緒」のほうに行っちゃいけない。もうわかったでしょう？

「みんな一緒」のほうに行くというのは、この図の左側へ寄ってしまうことを意味するからです。できるだけ希少性を磨いて、右にポジショニングすべきなんですね。

ただでさえ、いまは真ん中のサラリーマンや公務員の平均給与が下がり、日本の社会のなかで中間層が薄くなりつつあります。かつては中間層に7割いたのが、両サイドに割れてしまっている。AI×ロボット革命が進むと、この左右への分裂はもっとあからさまになるでしょう。

君の今後ですが、もちろん、高校で初めてアルバイトを経験するのは、校則が許している限り、いいことです。働くことの厳しさがわかりますし、それがハンバーガー店であってもコンビニであっても、さまざまな不測の事態が起こることも体験できるでしょう。

お客様からのクレームにも対処しなければならないから、真剣に働けば、君は相当鍛えられるはずです。大学では、違う種類のバイトをいくつか体験できれば、大いに社会勉強になるでしょう。もちろん、その後、キャリアを磨くために一旦会社員になるのも公務員になるのもOKです。

そのうえで、20代、30代、40代と希少性を高めるように、自分の仕事をズラしていけばいいのです。**キャリアの掛け算をするのがコツ**になりますが、そのことは次節で詳しく解説します。

希少性という言葉がピンとこない人は、ポケモンカードゲームで君も欲しがった「レアカード」を想像してみてください。レアカードは希少性あるカードで、ネットオークションでみんなが欲しがって、なかなか手に入りにくかったでしょう。中野のまんだらけのようなショップなんかでは、万単位の価格がついていてビックリだったですね。それが希少性の正体です。

だから君も、今日から、自分自身をレアカード化する技術を磨いてください。君の情報編集力が武器になります。

君自身をレアカード化せよ！

これが、僕からのメッセージです。

5 キャリアの掛け算で100万分の1の存在に

オリンピックのメダリスト級を目指そう

では、どうやって自分自身を希少性のあるレアな存在に持っていくか？

これも、はじめに結論を言います。

3つのキャリアを5年から10年ずつ経験して、その掛け算で希少性を獲得し、100万人に1人の存在になりましょう。

100万人に1人はオリンピックのメダリスト級のレアさだし、同世代でたった1人の存在になるから、「雇われる力」が飛躍的に高まり、必ず稼げる大人になれます。

まず、ある分野で集中して仕事をして、100人に1人の希少性を確保しましょう。

次に、違う分野で仕事をして100人に1人の希少性を確保できれば、もう掛け算すれば1万人に1人の希少性を確保できたことになります。

大ざっぱなイメージとしては、20代で100人に1人に、30代でもう100人に1人を達成して、1万人に1人にというペースです。

ここまできたら、**あと1つの分野で仕事をして100人に1人の希少性を達成すれば、100分の1×100分の1×100分の1＝100万分の1の希少性が実現します。**

これはもう、オリンピックのメダリスト級のレアさになります（実際、1人のアスリートが一般的には3大会に出場可能として、3大会のメダルの総数を全就業者数で割ってみると、その確率が100万分の1に近くなります）。

オリンピックのメダリストではなく、「オリンピックのメダリスト級」というところがミソなんです。アスリートの世界では、世界中に100万人いる競技者のトップに立たなければなりません。100万人のピラミッドの頂上に立つためには、銅メダルでも99万9997人に勝たなければならない。

でも、100人に1人の掛け算を3回繰り返してなるオリンピックのメダリスト級の100万分の1は違います。縦社会のトップを争うのではなく、平面上で独自のポジショニングをすればいいのです。

だから、君にも100万分の1の希少性ある人材、すなわち「オリンピックのメダリスト級」の存在を目指してほしいと思っています。

最後までやり遂げれば、突出した才能のない普通の人にも、必ず達成できますから。

また、3つの仕事をマスターするのに、どれくらいその仕事に就けばいいかも、あらかじめ示しておきますね。

1つの仕事をマスターするのに、人間は一般的に1万時間かかると言われています。その根拠はマルコム・グラッドウェル著『天才! 成功する人々の法則』(講談社)などの本に譲りますが、どの国でも義務教育がだいたい10年、1万時間であることからも論証されるように思います。

逆に言えば、**1万時間取り組めば誰でもその仕事をマスターできるから、その分野で100人に1人くらいの希少性は得られることになります。**

1万時間というのは、5年から10年の練習量です。仮に営業の仕事を集中して10年続ければ、いろんな人がいる集団のなかでは、営業ができるという意味において100人に1人の存在にはなれるということです。

キャリアの大三角形を描こう

実際には、214～215ページの図表16のような三角形を描くイメージです。この図は大事なので、社会に出てからも難局に遭遇するたびに眺めてください。決して100万人に1人の存在になることを諦めないように。

まず、図表16の1のように、たとえば20代の5～10年で三角形の起点となる「左足の軸」を固めましょう。バスケットボールで言えば、ピボットするときの軸足です。1万時間かけていい。これで100人に1人になれます。

営業の仕事でも、経理の仕事でも、続けられる仕事をマスターします。最初は転職を繰り返すようなことがあったり、上司に恵まれなかったりするかもしれませんが、続けられる仕事を1万時間続けたら、まずステージ1はクリアです。

君もスタート地点に立ちました。ここからは、三角形を15年から30年くらいかけて形作るゲームのようなものだと思ってください。

さあ、勇者を目指しましょう！

次に、2のように、30代の5〜10年かけて、三角形の底辺を作るべく「右足の軸」を固めます。ここでも1万時間かければ100人に1人のレアさが確保できますから、掛け算すれば、ここまでで1万人に1人の希少性がゲットできることになります。

営業の仕事をマスターしたら、会社のなかで次に宣伝・広報に異動させてもらう手もあるし、経理の仕事からスタートしたんだったら、財務を覚えてから、税理士や会計士の資格取得を狙う手もあるかもしれません。いずれにせよ、両方の軸足を固めるためには、1と2は隣り合った仕事でもいいと思います。

もう、あなたのキャリアの底辺部ができていますから、ライフラインが固まったとも言えるでしょう。食っていける下地ができたということ。

ここまでくれば、その技術で「稼げる大人」になれているはずです。

さらに次は、4のように、もう1万時間かけて、たとえば40代から50代にかけて三角形の頂点を作って、**キャリアの大三角形**を形作ります。そうするとこの三角形の希少性は、100分の1×100分の1×100分の1で100万分の1を達成することがわかりますよね。

ただし、ここに至るには、3のような試行錯誤が当然必要になってきます。3歩目の踏み出しは大事なので、こっちかな、あっちかなと迷っていいのです。

僕がどのように迷って、この3歩目を大きく「公教育の改革を民間校長として実践する」という点に向かって踏み出したか、それでどんな三角形を形成することになったかは、あとで示します。

じつはこの3歩目は思い切り遠くに踏み出して、三角形の面積を大きくするのがコツです。なぜなら、この三角形の面積が、そのまま君の希少性の度合いを表すからです。

ただ、たいていの大人は1、2の足場にこだわりすぎて、大きく踏み出すのをためらってしまいます。すると、三角形の高さが出ないから面積が小さくなり、せっかくの希少性が薄らいでしまうことになりかねません。

3歩目の踏み出しには、この勝負の前までに君が蓄積した情報編集力が生きてきます。ここにこそ、編集センスが生きてくるのです。そして、ちょっとした勇気と無謀さも。

ここが、人生最大の山場になるかもしれません。君にとってはまだ先の話ですが、楽しみにしておいてください。でも、君のご両親にとっては、いま、まさにその局面

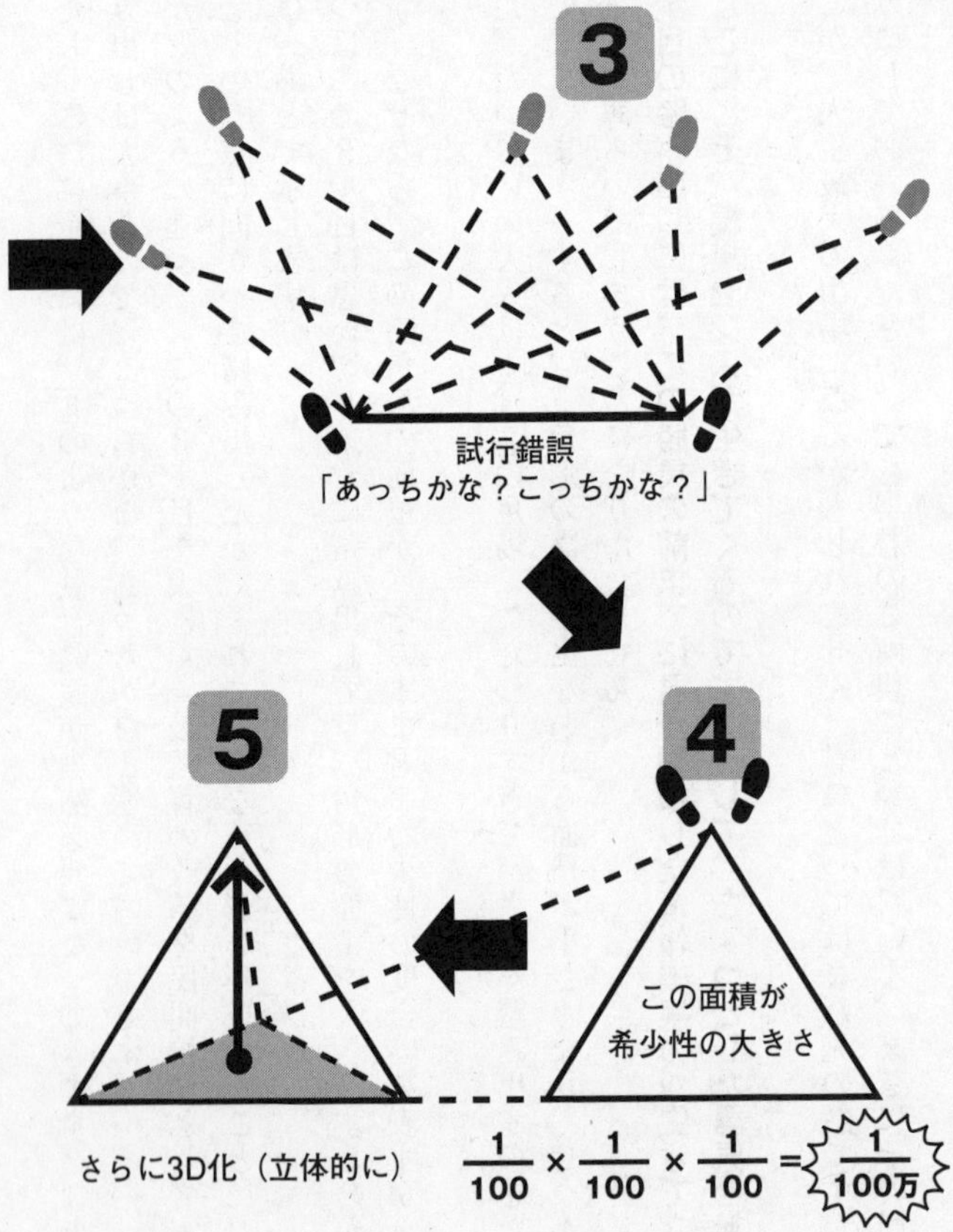
3
試行錯誤
「あっちかな？こっちかな？」
5
4
この面積が
希少性の大きさ
さらに3D化（立体的に）
$\frac{1}{100} \times \frac{1}{100} \times \frac{1}{100} = \frac{1}{100万}$

図表16 100万人に1人の存在になろう!! オリンピックのメダリスト級になる方法

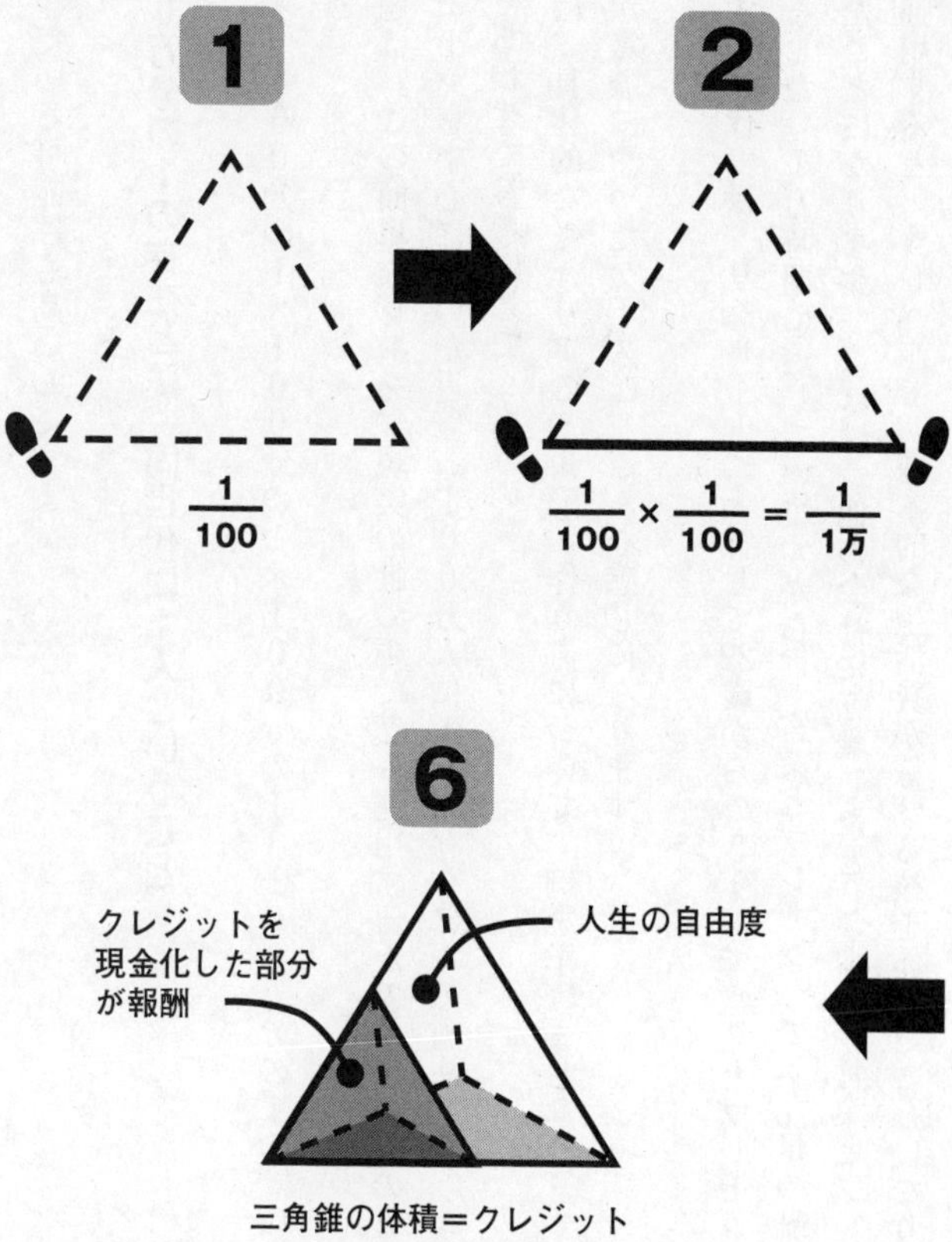

に立っている可能性も高いんですよ。

100万分の1の存在とは、同世代に1人ということ

さて、100分の1×100分の1×100分の1＝100万分の1の話に戻りましょう。

問題は、この簡単な算数を、現実の世の中でどう運用するかです。大人の方々は、このテーマを中心に描いた近著『100万人に1人の存在になる方法』（ダイヤモンド社）をあわせて参考にしてください。

では、具体的なキャリアの三角形の作り方について、例を挙げましょう。

僕が実際にやったケースは、こんな感じになります。

まず、20代では、リクルートに入社して22歳からの5年間で営業とプレゼン技術を磨きました。1万時間に達していますから、「営業とプレゼン」で「左足の軸」が固まったことになります。これは、他の会社に転職したとしても、「営業とプレゼン」なら通用するというレベルで、基本的な生活費が稼げる核を作ったことになります。

次に27歳から37歳の10年間で、リクルート流の「マネジメント」をマスターしました。課長代理から営業統括部長までです。ここでも100人の人がいたら、100人に1人のマネジャーにはなれたと思います。「マネジメント」が「右足の軸」として固まったということ。ここまでで、「営業とプレゼン」×「マネジメント」の掛け算で1万人に1人の希少性は確保したことになります。

どんな業界に行っても、少なくとも「営業とプレゼン」×「マネジメント」の掛け算で勝負できるということは、販売するものがコンピュータでも、化粧品でも、ある程度通じる技術を持っているということ。ですから、営業課長や部長としての「雇われる力」が高くなったことを意味します。

僕は実際、この時点（40歳）で会社を辞め、自営業者としてリクルートとプロ契約を結びました。

ただし、そのままではリクルート出身者からも、あとからあとから、「営業とプレゼン」×「マネジメント」をマスターした若手が輩出されるはずです。この2つに加えて、大学時代までにすでにIT系のバリバリの技術を身につけていてプログラミングができるとか、もともと帰国子女で英語はもちろん中国語もできるとか。ということは、僕の希少性はだんだん薄れていくことになりますよね。

そのままでは価値が下がっていってしまう。

そこで、「営業とプレゼン」×「マネジメント」に加えて、第3の矢を放つことにしました。通用するかどうか、きわめて不安だったのですが、公立学校という非営利の世界に踏み出して、教育分野の革新を担ってみようと思い立ったのです。

これが結果的に、三角形の頂点を作ることになりました。

もちろん、それまでの数年間、三角形の頂点の位置を決めるのに試行錯誤はあったのです。「介護を中心とした医療」の分野では「J+care」という会社を起業して介護の世界の革新を狙いましたし、「住宅」分野でコーポラティブ住宅を扱う会社に資本参加して、非常勤の社外取締役として関わったこともあります。あっちかな、こっちかなとチャレンジを続けた結果として、47歳で東京都では義務教育初の民間校長を引き受ける決断をしたわけです。

任期の5年間で1万時間を超える現場での経験を積み上げましたから、ここでも100人に1人の校長になりました。ここから「教育改革実践家」の道が開けるとともに、100分の1×100分の1×100分の1＝100万分の1を達成することになったわけです。僕もようやく「オリンピックのメダリスト級」の1人になれました。

52歳のときです。

100万人に1人というのは、同世代に1人という存在でもあります。

この三角形の大きさは、君の希少性を表し、「雇われる力」を決めるとともに、クレジット（世の中からの信任の総量）の基盤を作ります。

たとえサラリーマンや公務員であっても、希少性が高い人のほうが自分がイニシアチブをとる仕事ができることになります。したがって、仕事がより主体的で楽しくなるでしょうし、自由度も高まるはずです。

ツアコンの例で考えてみよう

普通の仕事の組み合わせでは、どんなケースがあり得るでしょうか？

さらに、例を挙げてみましょう。ここでは、旅行会社に勤める「ツアー・コンダクター（以下、ツアコン）」の仕事を中心に考えます。

典型的な仕事は、団体旅行に行くお客さんに観光地を案内して、楽しい旅になるよう演出することですね。

君がもし旅が好きで、ツアコンの仕事に興味を持ったとしましょう。旅の案内人として日本中、世界中を巡りたいということで旅行会社に入社しました。

ここで10年修業を積めば、誰でも100人に1人のツアコンになれるでしょう。

でも、ちょっとお客さんの案内に疲れちゃって、30代で転職を考えたとします。もちろん、同業会社から引っ張られるかもしれません。でも、それに飽きちゃった君は、小さい頃から犬好きで、ずっと犬と暮らしていた過去を思い出します。

そこで、犬なら癒されるし、犬に関わる仕事がないかなと探します。村上龍さんのベストセラー『13歳のハローワーク』（幻冬舎）を紐解《ひもと》いてもいいし、ネットで探す手もあります。

ありました、ありました！……まず、犬の美容室でお世話をするトリマー、盲導犬の訓練士、ブリーダーなどなど。

30代ではまた5〜10年間（1万時間）かけて犬に関わる仕事に就いたとします。経験のない仕事を身につけるために修業させてもらうわけですから、給料は以前より安いかもしれません。でも、結婚して共働きになり2人で住居を共にしたり、友だちとシェアハウスすれば、なんとか生活していけるでしょう。ここでも、犬がらみの仕事で100人に1人の希少性が確保できました。

ここで、君に気づいてほしいことがあるのです。

「ツアコン」と犬関係の仕事、たとえば「犬の訓練士」は一見関係ないように思いますが、この掛け算でどんな新しい仕事が生まれますか？……という質問です。

高齢化した日本では、これからもますます老人と犬の組み合わせはあちこちに生まれます。とくに1人暮らしの老人にとっては、寂しさを紛らわす絶好のパートナー、人生の伴侶《はんりょ》です。本当は旅にも一緒に行きたいのですが、電車には乗れないし、犬を乗せての車の運転は危険です。猫ならともかく、犬は寂しがり屋でお世話に手間がかかるから2泊3日のお留守番も無理。おちおち出かけられません。

でも、そんな犬連れ老人専門のツアコンがいたら、どうでしょう。

たとえば、犬を同伴してバスで温泉に一緒に行ける旅を企画するとか。いくらでもマーケットはありそうです。佐渡島に1人、淡路島に1人、そういうツアコンがいたら、仕事に困らないんじゃあないでしょうか。ローカルで固定客をおさえれば、食べていけそうな気がします。

同じように、学生時代にダンス部でガンガンやっていた君ならば、ツアコンでお世話したお客さんを対象に、シニアのダンス教室もいいかもしれません。歌って踊れるツアコンは人気者になること請《う》け合いです。**キャリアはこのように組み合わせていく**

ことで、君の付加価値を高めるものなのです。

ようは、掛け算の勝負なんですね。

さらに、40代になって君が介護の資格を取れば、軽い介護が必要なお客様も安心だし、何よりしっかり面倒を見てくれる人というイメージがアップします。

「ツアコン」と「犬の訓練士」に加えて介護の資格を引っさげて介護業界に入っていけば、介護施設でも非常にレアな存在になれるでしょう。

お年寄りを癒すためのドッグ・セラピーはもう実際にやっているところがあるくらいだし、いざとなったら入所者を旅に連れて行ってもツアコンとしての経験があるから安心ですね。

もしかしたら君は、介護業界に新風を吹き込む風雲児になれるかもしれません。

人生の目標はクレジットを大きくすること

さて、ここからは、最後に大人向けの話になります。214〜215ページの図表16をもう一度見てください。

60代からは5のように、さらに平面を立体化するようなイメージになります。本来は3Dでなければ表現できませんが、50代までに底辺部の三角形ができたら、上に高さを出して立体（3D）的に伸ばしていく。

50代までは面積の大きさが大事でしたが、60代からは体積を大きくしましょうということ。上下の高さは、「哲学性と美意識」を表現するのかもしれません。

この三角錐《すい》の体積が、私たちのクレジット、つまり他者から与えられる信任の総量＝F（信頼×共感）になります（講演では、立体ではホワイトボードに描きづらいので図の[4]までにして、三角形の面積を「クレジット（信任の総量）」だと説明していることを断っておきます）。

そして、そのうち現金化している[6]の濃いグレーの部分が「報酬」、そうでない部分が、人生における「自由度」になります。
三角錐が大きいほど自由になれるし、人生における選択肢に幅が出る。さらに、アップアップで多くの報酬を得るのではなく、一部を現金化するにとどめておけば、自由に動き回れる可能性が高まります。

ここまで説明すれば、人生の目標は「クレジット」を大きくすることだと言っても当たらずとも遠からずであることは、納得していただけるんじゃあないかな。
クレジットが先、お金は後なんですね。

お金を儲けるのに先走りすぎると、このクレジットそのものが損なわれます。

まず、クレジットを大きくすること。そのためには、キャリアの第3歩目を大きく踏み出すこと。そして三角形の基盤（クレジットの面積）ができたら、60代くらいから高さを出して3Dの三角錐《ピラミッド》を作り（クレジットの体積）、自分の人生を彫刻するようにデザインしていきましょう。

ライフデザインとは、このようなピラミッドの形を彫刻することを言うのだと思います。

ピラミッドの高さを出すには「哲学性と美意識」が大事だと言いましたが、なんといっても60歳を超えたらいったん足場を変えて、そこでも現役で仕事することが近道でしょう。

高さを出そうとする日々は、祈りにも似た行為になります。

6 就職では「逆張り」しよう！

それぞれ1人ひとりの道を行こう

いまから言うのは早すぎるかもしれませんが、君の希少性を高めるためには、就職でも「みんな一緒」の方向に行かず、自分が信じられる「それぞれ1人ひとり」の道を行くほうが、あとから納得できることが多いです。

ただし、信じる道をまだ決められない人は、いったん会社や役所に入って自分を鍛えましょう。この際、基準となるのは大学選びと一緒です。自分に付加価値をつけてくれる会社や組織がいいですね。のちに希少性を発揮するための第一歩として、「左足の軸」をしっかり鍛えてくれる組織はどこなのか。どこなら、自分を成長させてくれるかを問いかけることになります。

でも、何度も言ったように、**就職する段階での知識や判断力には限界がありますから、ある程度絞ったら、あとは飛び込むしかない。ある種、「無謀」に飛び込んで、無我夢中に仕事をしてみてください。**やがて、君の決断がベストチョイスだと思える日が来るでしょう。それは、5年後か10年後のことでいいんです。

僕の場合は、会社の社風がいいな、自分に合ってるなという理由だけでリクルートを選びました。

親父さんが中小企業の社長をやっていたやつを含め、50人の法学部・経済学部のクラスメートは僕のほかは誰1人、中小企業やベンチャーには入社しませんでした。内定してから見せてもらった決算報告書では前年が初の減収減益でしたし、その前にも潰れそうになったことがあったようです。

僕が入社してからも、銀座に本社ビルを建てたばかりのときに危ない時期があり、社長が最上階から1階まで、帰り際に自分で各フロアの電気を消していく光景を目撃したことがあります。その後も「リクルート事件」があり、マスコミの総バッシングを浴びて、社内が騒然としました。さらに、92~93年にはダイエーショック。オーナーが株をダイエーに売ったためにリクルートがしばしダイエーグループの傘下に入ったのですが、この原因は不動産事業と不動産金融業での失敗でした。その２つの事業が作った1兆５０００億円の負債をリクルート本体が背負って、巨大な債務を返済しながらさらに成長する道を探ることに。

というわけですから、リクルートは入社前に少なくとも2回、入社後にも3回は潰れ損なったことになる（笑）。こうした事情は『リクルートという奇跡』（文藝春秋）に詳しいので、興味のある読者は読んでみてください。

では、いまどうなっているかと言えば、売上や利益は入社当時の１００倍以上になっています。株価を基にした会社の資産評価でも注目株で、海外投資家からも評価の高い会社に成長しています。

結果的に、逆張りしたことで、自分自身の成長を含め、大きなメリットがありました。

いまの流れからすれば、「みんな一緒」のビジネスシステムでやっている会社からは利益が失われ、「それぞれ1人ひとり」の顧客をつかむようなビジネスシステムの会社に利益が総取りされる傾向が加速しています。

成長社会の頃に確立した大量生産システムが中国やインドに追い上げられ、その時代のビジネスシステムから脱し切れていないメーカーは苦しいでしょう。生産するものがほぼ標準化されてしまい、誰が作っても同じようにコモディティ化（汎用化）していくから、付加価値がつかない。そうすると値段で競争するしかない。人件費の高い日本では難しくなります。デパートや出版社も「みんな一緒」のシステムのままでは苦しい。

一方、「それぞれ1人ひとり」を握って離さないビジネスシステムを持つ会社というのは、ケータイ会社だったり、コンビニだったり、楽天のような通販会社だったり、アマゾンだったり……ベンチャーにはこういう会社がいっぱいあります。

その究極の姿がグーグルですよね。1998年生まれのこの会社は、世界の民主主義や平和の構造にも大きな影響を与えるAI会社に成長しています。

最後にはっきり言っておけば、就職においては、合理的な選択なんて幻想に過ぎないと思います。

「行き当たりばったりで上等だ！」というくらいの覚悟で臨んだほうが、あとで君の希少性を高めるのに貢献するのではないでしょうか。そう、繰り返しますが、「覚悟」のほうがよっぽど大事なんです。

これをやるには、自分が後ろを振り返ったときに誰もついてこなくても寂しがらずにすむ、ある種の感性の鈍さが必要かもしれません。寂しさに耐える力と言うべきでしょうか、それとも、ただの無謀さの発揮でもいいのかもしれません。

捨てる、止める、避ける、断る、逃げる、減らす

これも、高校生には意味不明かもしれません。でも、親世代には福音《ふくいん》になるかもしれないので、ここで触れておくことにしましょう。個人がリストラする必要性についてです。

成長社会では、「もっともっと」が合言葉でした。だから、皆で物を買いまくり、マンションを買い替えてより大きな家に、車を買い替えてより最新型の車にする競争をしていたわけです。もっとブランド品を、もっとガイドブックに写っている景色を見に旅行を、というように。

同じ日本人がです。

しかし、日本では1998年から成熟社会に入り、「もっともっと」はアッと言う間にダサいライフスタイルになりました。経済が収縮する現象が起こったために、平均給与も下がり、「もっともっと」の余裕もなくなった。

ただ、そうはわかっているのですが、懲りない面々もいるのです。大人のアタマのなかにはバブル時の残像もまだあって、アベノミクスで、あたかもドーピングのような大量な現金が打ち込まれると、それっとばかりにまた不動産投資が過熱しました。高級腕時計や高級車も売れたようです。

いま、本当の金持ちは、買うんじゃなくて、せっせと持ち物を売って現金化したり、金《きん》に換えたりしているらしいのですが……。

君たちは、この懲りない大人たちに同調する必要はありません。

収縮する成熟社会のトレンドは、今後10年、15年変わらないでしょうから、企業と同様に、個人にもリストラが必要なのです。

その際の合言葉は「捨てる、止める、避ける、断る、逃げる、減らす」です。

持ち物が多すぎると動きが鈍くなりますから、どんどん捨てていいと思います。もちろん、使ってくれる人がいるのだったら、メルカリなどに出品して、使い回せばいい。

さらに、ずっと続けていたけれど、なんとなくマンネリで、本当に好きなわけじゃないのにダラダラ続けてきただけの趣味を「止める」ことを勧めます。いったん止めてみて気づくこともあるでしょう。また、どうしても続けたくなったとかね。

マンネリに陥った友だち関係からいったん「避ける」「断る」ことも大事かもしれません。いじめたり、いじめられたりするような関係だったら、「逃げる」勇気も必要です。

親が君のやることに干渉しすぎるのだったら、プチ家出も悪くないかもしれません。塾に夜遅くまで通って疲れきっちゃっているのだったら、「減らす」ことも戦略のうち。伸びきったゴムのようになっちゃう前に、自分1人の時間を確保して君の「伸び代」を育てましょう。

外車を買ったりバイクを乗り回すことがカッコイイわけではないという価値観、いや、むしろ乗っている車種を自慢するなんてダサいという価値観。そういう価値観に若者は移行しているようです。家だって、ワンルーム・マンションの個室ではなく、シェアハウスでいいじゃないか。車だってシェアのほうが合理的だし、なんでも持ち寄ったり、使いまわしたりするほうがオシャレじゃないか。その価値観、いいと思います。

ぜひ、君たち世代の共通の価値観として育てていってほしい。「みんな一緒」時代に国民の全員に買ってもらうことを目指して大量生産を続けてきたメーカーは、ほとんど倒されるしかないでしょうけれど（笑）。

大人たちがこれから10年とらなければならない戦略も、じつは「捨てる、止める、避ける、断る、逃げる、減らす」が先だということも強調しておきます。

嫌われる勇気

ダイヤモンド社の100万部を超えるベストセラーに『嫌われる勇気』という本があります。この共著者である古賀史健《こがふみたけ》さんには、僕が前回、高校生向けに書いた『たった一度の人生を変える勉強をしよう』（朝日新聞出版）のライティングを担当していただきました。その縁もあって、以前、一条高校の校長室に寄ってくださったのです。

そのときにも、『嫌われる勇気』という本のタイトルそのものが、時代の変わり目を映した読者に刺さるメッセージだったねえと、つくづく語り合いました。

この章の結びに、ベストセラーとなった書籍のタイトルから、日本人の意識の流れを読む訓練をするといい、という話をします。

２０１６年上半期のベストセラー・ランキングは、小説を除いて、こんなふうになっています（日販調べ）。

1位『天才』（石原慎太郎著、幻冬舎）
7位『嫌われる勇気』（岸見一郎／古賀史健著、ダイヤモンド社）
8位『置かれた場所で咲きなさい』（渡辺和子著、幻冬舎）
15位『本音で生きる』（堀江貴文著、SBクリエイティブ）
17位『結局、「すぐやる人」がすべてを手に入れる』（藤由達藏著、青春出版社）

では、このたった5～6行の情報から、日本社会の現在の傾向について何かわかることがあれば教えてください。できたら周りの人と軽くブレストできるといいんだけどね。1人で「ウ～～～ン！」と唸っててもしょうがないから。

僕だったら、こんなふうに答えると思います。

これは、皆「無い物ねだり」のリストなんだ、と。つまり、「天才」（この場合には、かつての田中角栄のような天才的な政治家が渇望されて久しいが、そうした人物）がいないから、そろそろ現れてほしいということ。「嫌われる勇気」がないから、その勇気を欲しいということ。「置かれた場所で咲けない」から、咲きたいということ。「本音では生きられない」から、できたら本音で生きたいということ。「すぐやることができない」から、すぐやるような行動力が欲しいということ。

こうした、多くの一般的な読者の思いと情念がベストセラーを生み出すのです。

複眼思考（クリティカル・シンキング）の良い応用例を示したつもりです。

さあ、君たちの世代は「叱られないために仕事をする日本人」を脱して、情報編集力を武器に、自分の希少性に磨きをかけて生きられるでしょうか？

自分の道を進むのはいいが、振り返ったとき、誰もついてこなかったとしても平気な顔して歩みを続けられますか？

90年間、好かれ続けながら生きるには無理があります。「嫌われる勇気」は、そんな君へのメッセージでもあるのです。

終章

君たちが日本の未来を拓く10の理由

第1章では、2020年代にはすべての分野でAI×ロボット化が進んで事務仕事が消滅していくこと、東京五輪後の不況（今となってはコロナ不況だけどね）は避けられないだろうから求人が半減してもおかしくないことを指摘しました。だから中高生は、もう就職したお兄さんやお姉さん世代と比べて非常に厳しい現実に遭遇するわけです。

君たちが悪いわけではなく、たんに巡り合わせがアンラッキーなようにも見えるのですが、それは意気消沈すべきことでしょうか？

答えは「NO」。ここで嘆いている暇はないし、準備をすれば十分乗り越えられるハードルにすぎません。

逆三角形の図を思い出してください。ベースとなる「基礎的人間力」に加えて、「情報処理力」と「情報編集力」の両翼を、いまからバランス良く鍛えていけばいいのです。その対策を、これまで詳しく書いてきました。

終章では、僕が現在の中高生こそが日本の未来を拓く存在になると確信している理由を、10項目にわたって述べてみようと思います。

君たちは、大丈夫なんです。

まず、誰でもわかる理由を5つ、挙げますね。

理由1　厳しい経験をした人のほうが成長するから

「ラクだったときより、厳しい現実を経験したときのほうが人は成長する」というのは世の道理です。君だって部活の厳しい練習で鍛えられた経験があるかもしれません。コーチも優しいだけじゃダメで、心はホットだけど厳しいコーチだとチームも伸びる。

就活も同じ。売り手市場のラクなときより、なかなか内定がもらえないような厳しい就職活動を経たほうが揉まれて強くなれるんです。

僕自身も、リクルートでの経験から、この原則については明言できます。

教科書にも載っている「リクルート事件」でマスコミのバッシングを浴びたのが30代前半。個人として鍛えられたと思います。だから、リクルートでは、事件が起こった1988年当時マネジャーだった人間は、会社の名刺に頼らず個人の力量を磨けたから、外でも通用する人材が多数輩出される結果に結びつきました。

厳しい現実を前にすると、人は自分を鍛える投資をせざるをえなくなるからです。

理由2　子どもの頃からスマホを武器にした世代だから

両手打ちのフリック入力で文字を打ち込む君たちの姿を見ていると、別の人種なのだなと感心することがあります（笑）。グーグル誕生は1998年ですが、それ以降に誕生した「グーグル後」世代は、ネットで自分を他者とつなげる技術の達人です。

ネットのなかで人生の半分を過ごすことになる初めての世代でもありますから、スマホを自分の手足、あるいは脳の一部として使いこなせれば、知識・情報世界との新しい関係が築かれることでしょう。AIやセンサーを搭載したあらゆる種類のロボットとの共生も、君たちがその範を示すことになるのだと思います。

だから、AI×ロボット化によって消滅する仕事の裏側で、新しく生み出される本当のヒューマンワーク（人間にしかできない仕事）も、君たちがそのフロンティアを切り開いてくれることでしょう。

スマホを抱いて生まれてきたとは言いませんが、君たちは「スマホ・ネイティブ」と呼ぶにふさわしいのではないでしょうか。

理由3　オンライン動画で学び始めた世代だから

東進ハイスクールやリクルートの「スタディサプリ」のように、スマホやタブレット、パソコンを使うオンライン学習が、もはやメジャーな学習手法になりつつあります。海外では、カーンアカデミーやMOOCsの成功例も。

これらは基本的に、覚えさせられるタイプの受動的な学習ではなく、自分から学ぶ主体的でアクティブな学習を習慣づけていきます。

一方、学校ではまだみんな一緒の「一斉授業」スタイルが主流ですが、それぞれ1人ひとりにバラバラになっていく成熟社会では、理解度にも差があることから、落ちこぼれや吹きこぼれを大量に出してしまっています。学力のフタコブラクダ化（二極化）が進んでいるのです。

これを克服するためには、いまはまだ過渡期ですが、個別習熟度別のカリキュラムによるアダプティブ・ラーニング（1人ひとりに合わせた教育）を実現するしかありません。ここに、教育界におけるAI×ロボット化の世界が開けてきます。

担任する生徒の数を減らしたところで、1人の先生にはすべての子のフォローは無理でしょう。だから、マスターすべき教科の1単元ごとに何種類ものやさしく理解できる動画が整理されていて、君たちの理解度に合わせてAIが適切なカリキュラムを組んでくれるようなシステムが期待されています。そうすれば、スマホでの学習履歴の蓄積が効いてくる。

そのために君たちは、学校での強制力の限界を超えて、自分から学ぶ力を向上させる必要があるのです。

理由4　「それぞれ1人ひとり」の感覚が強くなっているから

君たちの世代は、本当の意味で、これから多様な人々との共生やダイバーシティを経験するんだと思います。女性の活躍も本格化する。

「多様性を認めよう」とか「ダイバーシティの推進を」とか掛け声だけは前からあったのですが、正直に言えば、僕たちのちょっと上の世代までは建前にすぎなかった。昔の男尊女卑《だんそんじょひ》的な感覚を本音としては引きずっていたから、妻が夫の仕事を支えるスタイルが定着したのです。

「そんな悠長なことは言ってられないよ」という現実がやってきています。平均給与が下がっていることもあり、2020年代には共働き世帯が当たり前になる。

万が一、日本が移民を大量に受け入れる政策に舵《かじ》を切ったとしても、多様性が増して君たちは揉まれ、鍛えられます。ましてや、アジアの中間層が20億〜30億人に増えれば、5000万〜1億人のインバウンド観光客も夢ではない。やがて人口と同数の外国人がそこここを歩いている（都市部などでは街で見かける人の半数が外国人）という1300年前の平城京のような国際性が復活することになるでしょう。

理由5　シェアする感覚が強くなっているから

僕たちの世代が高校生だった頃は、ギター、バイクか車、スキーが三種の神器と言われ、女の子にモテるためにはどれかが必要でした。ギターを弾いて歌を歌えるか、バイクか車を持っていて女の子を乗せて旅行できるか、あるいはスキーを教えるのがうまいかが、モテる男の条件だったのです。

はっきり言って、物欲が強かった。

君たちの世代は、経済が豊かになり社会にはモノがあふれているから、逆に、物欲から解放されているようです。男の子でさえも、車やバイクにあまり関心ないでしょう？

所有するよりシェアする時代。車も部屋もシェアすればいいとなれば、かかる経費も半減します。

モノに投資するのではない新しいタイプの人生のスタイルが、前の世代が開発した技術やサービスで切り開かれ、君たちによって開花するのです。

さらに、私独自の視点を5点、追加しておきましょう。

君たちがスマホ・ネイティブとして最強のＡＩ×ロボット化世代となり、２０２０年代の未来を拓いていく自信がつくのではないかと思います。

理由6　教育がシフトして、アタマがもっと柔らかくなるから

試験でカンニングがダメなのはなぜでしょうか？

正解を聞かれているテストでは、他人が出した答えを見るのは反則だからです。でも、成熟社会で君が遭遇する世の中の現象には、ドンドン正解のあることが減ってきます。本書でもたびたび強調したように、正解のない社会が到来する。

正解のない問題に対しては、ネットで検索したり、図書館で調べたり、何より知ってそうな他者の力を借りたり……そうした協働型の学習が必須になります。だから、ブレストやディベートを繰り返して仲間の知恵も借りながら、自分なりに納得し、かつ関わる人たちも納得する解、すなわち「納得解」を導く技術が大事なんでしたね。「納得解」のことを別の言い方で表現すれば、君の「仮説」ということになります。

文科省が、これからの学校教育でアクティブ・ラーニングという手法を推奨している理由はここにあります。主体的な学びによって、君たちの情報編集力寄りの力をつけたいからです。

ブレストやディベートは、他者と脳をつなげて、自分の脳を拡張する技術でもあります。

さっとつながる柔らかアタマが育成できれば、世の中の諸機能を「つなげる力」が上昇する。すると、君たちの思考力・判断力・表現力が上がり、社会がもっと柔らかく結びつくようになるはずなんです。「つなげる力」をアップすると、君の幸福感もきっと上昇しますよ。

理由7　社会起業家やNGOで活躍する人が増えるから

国がかつて「ゆとり教育」と呼ばれる政策をとって、学校のカリキュラムのなかに通常の教科ではカバーできない分野が大量導入されたことがあります。

とくに「環境教育」「情報教育」「国際理解教育」「福祉ボランティア教育」の4分野の総合的な学習が推奨されました。このうち、不慣れな先生方にとって一番とっつきやすかったのが「環境教育」と呼ばれるものでした。ひと言で言えば、「私たちが生きている（生かされている）自然環境や地球環境にもっと意識を向けましょうね」という話です。

また、東日本大震災が引き金になって日本人全体のボランティア意識が高まり、社会活動を体験することを重視する学校も増えました。

こうした蓄積があって、君たちの環境やボランティアに対する意識は、前世代とは比較にならないほど強まることになりました。中高生から「社会に役立つ仕事がしたい」「人が喜ぶ仕事がしたい」という言葉をよく聞くようになった。

だから、社会問題をビジネス的に解決する社会起業家が増えるでしょうし、NPO

やＮＧＯで国際的に活躍する人もますます増えるんじゃないかと期待できます。

ただし、「環境教育」や「福祉ボランティア教育」が効きすぎて、産業社会やビジネスの世界に入るのが怖いという感覚を持った子も増えてしまった気がします。ＡＩ×ロボット化の革新で経済を活性化するためには、ガツガツやるバリバリのビジネスパーソンも必要ですから、ちょっとここは心配です。

理由8　仲間を募り、ビジョンに集う手法をマスターするから

フェイスブックやツイッターのようなＳＮＳで自分の人生をプレゼンしながら仲間を募り、ＬＩＮＥなどで日常的にコミュニケーションする生活スタイルが定着しようとしています。

10年後もそうかと言えば、サービスの名称が変わったり会社が買収されたり合併したり、新しく生まれた会社のほうがアッという間にメジャーになることはあったとしても、「仲間を募る」サービスは廃《すた》れない。むしろ、さらに高度化するでしょう。

なぜなら、**仲間づくりは人間の性《さが》だからです。**

個人が発案したテーマでチームを組むことが、さらに容易になるのです。言い方を換えれば、夢が実現しやすくなるということ。僕自身もネットの「つなげる力」を使ったオリジナルブランドの腕時計開発プロジェクトで、個人が工場を持つことなくマニュファクチャラー（生産者）になれることを証明しました。

すでに特定の組織に属さず、解決すべきテーマを見つけては「この指とまれ！」方式で全世界から人材と資源を調達して仕事をしている人間もたくさんいます。資金調達も、ネットでクラウドファンディングできます。

やがて、個人のスマホ上の生活ログが与信の対象になる日がやってきます。君が約束を守る人物かどうか、借りたお金をきちんと返しているかを判断できるようになる。たとえばですが、オンラインで買った書籍の支払いやスマホ料金の支払い、あるいはアパートの家賃が毎月きちっと引き落とされているかどうかなどが判断材料になるのです。

こうしたログが膨大に蓄積されれば、銀行からお金を借りることなく、お金が融通されるようになるでしょう。すでにアメリカでは、この方法でネット上で融資する会社が現れているようです。

君も自分のクレジットを蓄積しながら、着々と夢を実現する技術を磨いていきましょう。

理由9　祖父母の個人資産の恩恵を被る世代だから

1500兆円以上眠っていると言われる個人資産。1500万円までの教育資金に関わる贈与税の免除がルール化されたことで、孫の教育資金、結婚や子育て資金にお金が回る機会が増えています。

この政策は、銀行に預けられっぱなしだった現金が教育や結婚の市場に出てくるわけですから、当たりだった。

子育て資金に至っては、なんと生まれてくる赤ちゃんの20人に1人と言われるまでに普及した人工授精の費用まで補てん可能になっています。

これからは、さらに団塊の世代（1947～49年前後生まれ）から、その子どもの団塊ジュニア（1973～80年前後生まれ）に、そして、団塊の世代の孫たち（現在の小中高生）へと、建てた家やマンションが相続されていきます。

たぶん、君たちの多くも、相続で賃料やローンから解放され、住宅をゲットすることになるでしょう。そうでなくとも、人口が減っているにもかかわらず、なぜか建築ラッシュで住宅物件が増えたことで過剰供給になっていますから。2020年代からはとくに周辺部で賃料が暴落するとも言われています。

これは若者世代にとっては、歓迎すべきことでしょう。

東京の真っ只中でさえも、住む場所さえ確保できれば、衣食に関わる生活費はかなり下がってきました。おまけにシェアリングの技術を磨いた君は、リーズナブルに生活する術《すべ》を身につけているはずですね。

理由10　そして何より、学校の支配が弱くなるから

これまでの学校の主な機能は、国が決めた「国民に必要な知識」を教科に分けて年間1000コマ程度の「一斉授業」で教え込むことでした。でも、この機能はこの章の「理由3」で説明したことに加え、次のような理由から自然に弱まっていきます。

現在の学校は、学習指導と生徒指導の双方で豊富な経験を持つ50代のベテラン教員

によって支えられているのですが（どんな自治体でもだいたい全体の35％）、このままだと皆10年以内に退職していなくなります。

団塊世代の大量採用の反動で30〜40代の層が薄いので、とくに都市部では慌てて20代の新規採用教員を増やしています。ところが、教員の人気は下がっているので応募採用倍率が下がり、質が維持できていないのが現状です。ちなみに、これは教職課程の教授がサボっているからではないし、若手の先生が悪いのでもない。構造的な問題なのです。

東京での小学校の先生の応募採用倍率はひと昔前まで15倍はありましたが、いまや2〜3倍以下です。家庭や地域社会の教育力の低下に加えて、ついに学校の教育力が否が応でも低下する時代に入ったということになります。

これは、君たちが学校的な価値観、すなわち「正解主義」「前例主義」「事なかれ主義」から、だんだん解放されていくことを意味します。

「正解主義」とは、正解以外を弾いてしまう行動様式のことを指します。これは、正解を教えるのが学校だという勘違いから生じています。もともと学校は、人間を標準化する機能を持っているので、標準化への反発から教室崩壊が起こるのは無理もないところがあるんです。

君だって一斉授業で正解のみを教えられることで、物事には何でも正解があるように勘違いしちゃってるかもしれない。本当は「修正主義」で、まず決めちゃってからドンドン改善していけばいいんだけどね。

「前例主義」とは、前例がないものには取り組まない行動様式のこと。君たちが「学校の校則をこういうふうに改善したい！」って提案したとき、それが明らかにいいものだったとしても、なかなか認められないでしょ。本当は「先例主義」で、それぞれの学校が校長のイニシアチブで自ら良い先例を作り、同じ地域の学校に普及させていければいいんだけどね。ひいては全国にも。

「事なかれ主義」とは、何事にも支障がないように、できるだけことを荒立てないことを善とする行動様式のこと。いじめや暴力や痴漢《ちかん》行為が学内で起こったとき、よく学校や教育委員会はそれを隠そうとするでしょ。それがあとから内部告発などでバレてマスコミにバッシングされてますよね。そういう体質がはびこっちゃってる面はたしかにあるんです。

ただし、これは保護者や地域社会のほうにも責任はあって、「学校では、どんな間違いも起こしてはいけない」という正解主義ムードが周囲に漂っていると、学校はそれに順応して、間違いを起こさないようにするものなんです。

本来、教育機関としての学校では、いろんな失敗があっていいし、試行錯誤を通じてしか君たちも成長しないでしょう。逆上がりや跳び箱でも、何度も失敗を繰り返してできるようになるわけで、ケガする可能性もあるような、ちょっと危ないこともしなければ、教育の場ではなくなってしまいます。

僕は、学校に対して保護者があまりにも「学校では間違いは起こらないはずだ」というキャンペーンをはると、そのうち科学の実験で火を使うことがなくなるし、家庭科の包丁も危ないということになるし、怪我《けが》をするからと校庭から鉄棒がなくなる日も来るんじゃないかと警告しているんです。これ、笑い事じゃないんだよね。

だから、学校を教育の場として維持したいんだったら、むしろ「事あれ主義」でなければいけない。いろんなことが起こるのを前提に、その事象を機会と捉えて生徒と先生が一緒に学んで成長できる場としてです。

もちろん、事件や事故は起こらないほうがいいけれど、予定不調和のイベントや想定外の物事は、どんどん起こったほうが君だって楽しいでしょ。

「正解主義」「前例主義」「事なかれ主義」から解放されるにつれて、個人の思考力・判断力・表現力が伸びていく余地が出てきます。僕はそのことを前向きに捉え、君たちの可能性が開かれるチャンスだと考えているのです。

以上10個の理由をもって、現在の中高生に「君が未来を変える!」という事実を証明したつもりです。

納得できましたか?

より正確に言うと、君たちが2020年代に作り出す正解のない課題に対する「納得解」、つまり仮説が、世界を描きなおし、未来を変えるということ。

たとえば、「少子化問題をどう解決するか? 人口が減るのは本当にダメなのか?」「医療技術はどんどん発展するんだけれど、どこまでいっていいんだろう? そのうちサイボーグ化した人間とそうでない人間がオリンピックで戦うなんてことがあるのかな?」「AI×ロボット化は本当に人間の仕事を奪うだろうか? そうだとしても、逆に新しく生み出される仕事もあるのではないか? 人間の幸福にとって、どんな意味があるのか?」。

これらはすべて、君たちに解いてほしい問題です。

繰り返しますが、正解なんてありません。

君たちの仮説が世界を作るんです。

だから、遠慮なく「修正主義」「先例主義」「事あれ主義」で生きてほしいと、僕は君たちにエールを贈り続けたいと思います。

あとがきにかえて

最後に、親から見た場合の「子育て三原則」を書いておきましょう。

親は子を思い、大事に育てます。でも、先回りしすぎて、少しでも息子や娘をラクなほう、居心地のいいほう、安全なほうに誘導しすぎると、子どもたちの心に無気力の種を植えることになってしまう。

では、どうするか?

AI×ロボット化で事務仕事が消滅していく時代にあっても、自分自身で、人間にしかできないヒューマンワークを切り開いていける子を育てたいですよね。

そのために、この本で書いてきたことをすべて実践するのは至難《しなん》の業《わざ》だと思うので、3つだけ、具体的なツボを示しておきます。

これらはみな、わが子の「情報編集力」を養成する鍵になります。

1　10歳までは思い切り遊ばせる

「遊び」が情報編集力の基盤であることを散々述べてきました。

しかし、昔みたいに空き地もないし、普通に外遊びすること自体がだんだん難しくなってきています。都市部では下手に公園に遊びに行くと不審者が出没したり。

それでも、空間認識やバランス感覚を身体で覚えるにはどうしても外遊びが必要です。また、遊びの、想定外の現実に向き合えるという特性が、子どもの情報編集力を鍛えるのは第3章で述べた通り。定型的な問題を解き続けるのではなく、突発的な事象に対処すればするほど、情報編集力サイドの脳のモードが鍛えられるからです。

イマジネーションが豊かな子は、断然、よく遊んだ子なんです。

僕がビジネス界で出会うユニークでパワフルな仕事をしている人たちも、みな、よく遊んだ人ばかり。でも、大人になってから遊んで情報編集力を鍛えましたという人をあまり見かけません。

遊んでないと「伸び代」が育たないから、大学入学とか、入社とか、どこかで伸びが止まってしまうのではないでしょうか。

2　海外を経験させる

経済的に余裕があればですが、一度日本を外から見せるべきです。もちろん、自分でバイトして稼いだお金で、ひとり旅か留学を経験するのがベストです。

ハワイにバカンスに行くというのではなく、語学留学・ホームステイ・寮生活など、不便や不都合にあふれていて苦労してコミュニケーションしないと切り抜けられないような経験がたくさんできるほうがいい。その体験が子どもを鍛えます。

もちろん、国内留学もありだと思います。アスリートの世界では、よくそのスポーツの良き指導者を求めて、故郷から遠く離れた名門校に通わせるようなことをする。孟母三遷《もうぼさんせん》と言いますが、下宿生活や寮生活も子どもを鍛えるでしょう。

海外のケースでも、短期なら1～2週間より1～2カ月、長期なら1年より2年の留学を勧めます。期間が短いと「お客さん」で終わってしまい、良い経験しかしないで帰ってこられるから。部屋に問題があったり、大事なものが届かなかったり、盗まれたり、言葉が通じないために勘違いされたり……小さな事件に遭遇してたくさん対処した経験が大切なんです。

それが、子どもの自己肯定感と他者からのクレジットの核にもなります。ようは、タフな経験を積み上げるしかない。

また、留学の場合は、長ければ長いほど、現地の外国人から日本のことを聞かれますから、日本についてもっと勉強しなければという気にもなります。日本の良さ、田園風景や山河の美しさ、食べ物の多様さと美味しさ。そして、日本という国づくりが本格的に始まった奈良の大仏時代からの文化伝統を再発見することにもつながるでしょう。

3 「面倒なほう、厳しい道、よりタフな状況」を選ばせる

現代の子どもたちが置かれた状況は、親の世代とは比較にならないほど物があふれ、便利なコンビニライフになっています。「超便利社会」の申し子なんです。

実際、コンビニを思い浮かべてください。陳列されている商品は、日常生活に欠かせない品々で、あなたが探さなくてもいいようにそこに置いてあるはずです。そして、子どもたちはマンガを立ち読みし、ガリガリ君を買って帰るのにひと言もしゃべる必要はない。

コンビニは巨大な自動販売機になろうとしているんです。

一方、缶ジュースの自動販売機がしゃべり、エレベータがしゃべり、カーナビもしゃべります。人間のインテリジェンスが上がるより早く、周囲の環境のいたるところにセンサーとチップが埋め込まれ、それがインターネットにつながってA I×ロボット化するから、僕たちはますます考えないで済むようになっていきます。

これに慣れてしまうと恐ろしいことになりますよね。あっちこっちで思考停止状態になって、A I×ロボット社会に生かされているだけになってしまう危険がある。

人間のロボット化です。

自分の子をそうしたくないのだったら、便利・簡単な超の付くコンビニライフの逆張りで、どれだけ予測不能な状況に突っ込めるかなんです。人間として生きるには、どれだけアタマを柔らかくして対処したかの勝負になりますから。

ですから、親が助言できる局面では、「簡単なほう、やさしい道、よりラクな状況」ではなく、「面倒なほう、厳しい道、よりタフな状況」を選ぶよう勧めること。

そうすれば、みんな一緒のほうに進んでしまってドンドン価値を失うのではなく、その経験を通じて、自分の希少性を高めていく道が開けます。希少性をできるだけ高めて、かけがえのなさを大切にしていくことが、稼げる大人（自立して収入を得、きちんと税金を納めて貢献する社会人）になる条件でしたね。

２０１６年のノーベル医学生理学賞を受賞した東京工業大学・大隅良典栄誉教授も「競うより、誰もしないことを」と語っていました。

これからは、「正解主義」「前例主義」「事なかれ主義」でどっちが無難かではなく、「修正主義」「先例主義」「事あれ主義」でどっちがわが子の希少性を高めるだろうという判断基準を大切にしてほしいと思います。
１、２、３を通じて「可愛い子には旅をさせよ」が、未来社会にも通用する名言であると再認識されたのではないでしょうか。
最後に、ダイヤモンド社書籍編集局の木下翔陽さん、小川敦行さんにこの本を書くキッカケを与えていただいたことに感謝します。

また、執筆中は常に、日常的に触れあっている奈良市立一条高校の生徒たちと保護者に語りかけているつもりでした。君たちからのインスピレーションがなければ、この本は仕上がらなかったと思います。ありがとう！

とりわけ、一条高校の先生方には「高校とは何か？」「高校生には何が大切か？」

「これからの学校は何が変わっていかなければならないのか。一方で、変えてはいけないものは何か?」について、日々の行動で示してもらいながら、貴重な示唆《しさ》をいただきました。

おかげさまで、この本を書く過程で、半年前までわからなかった真実が観えてきました。「高校とは何か?」という、仕事上のメインテーマに対する答えです。

あまりにも単純な答えで批判を受けるかもしれませんが、僕はこう思うのです。

高校とは、義務教育を通じて「みんな一緒」に育てられてきた子どもたちを、「それぞれ1人ひとり」に引き剝《は》がし、個人として生きる準備をさせる場なのだと。

「引き剝がす」という言葉遣いは強すぎるかもしれません。でも、そういう痛みをともなうものだと思うのです。ただ、偏差値で進路を振り分ける場ではない。

僕は、そうして引き剝がされる高校生たちに、目には見えない武器を渡しながら、精一杯のエールを贈りたい。

この本はそうした想いによって紡がれたものなのです。

藤原和博

2016年11月27日　61回目の誕生日に奈良・登大路の自宅にて

文庫版へのあとがき「コロナ以前とコロナ以降」

コロナ以前とコロナ以降は、誰かが指摘していたように、ＢＣ／ＡＣと表記されることになるかもしれません。

僕は以前、「スマホが完全に普及したら、ＴＶや新聞よりも強大なマスメディアとなって、その結果人々の行動や考えが似てくる世界となることに警鐘を鳴らしたい」と考えていました。

スマホは個人を出版社にも放送局にもしてくれる武器として登場したのですが、それが世界人口の半分以上につながり、クラウド上のＡＩと結びついて人々がその判断に頼るようになってくると、口では「多様性の時代」「ダイバーシティーが大事」「個性尊重」と言っている人々が皆「中心化」して行動が似通ってきます。

本来バラバラな人間の思考や態度、行動が中心に向かって寄ってきてしまう。

運転中にGoogleに道案内をさせている人も、レストランを選ぶのに自分で通い倒して良店を見つけるのではなく「ぐるなび」に頼っている人も、すでにこの途上にいるわけです。

どんな道かというと、ユヴァル・ノア・ハラリ著『ホモ・デウス』が予言した、思考を停止して人生を漂う人々の群れ（Living Dead）への道です。

「過剰につながり過ぎて世界が一つになると人類が似通ってきて危ないよ」と。

ところが、コロナはこの警告を（スマホから発せられたネット上のウィルスではなく）人間同士の「感染」という盲点を突いて、一発で思い知らせてくれました。

バラバラじゃないと人間は危ないんだよ。一気に死滅する危険もあるよ、と。

日本人はただでさえ、みんな一緒の「一斉」行動が好きですし、学校も未だに、みんな一緒に仲良く元気良くを奨励し、正解至上主義の教育を続けています。

だから、会社という組織と時間割りに慣れたサラリーマンは、コロナ騒動下の3月でも9割通勤電車に乗っていました……みんないい子にちゃんとマスクをつけて。

それがZoomでの会議が常態化し、リモートワークと交代勤務、さらにそれぞれ一人一人の休暇取得が当たり前になって「バラバラ」が習慣化するとどうなるか？

まず市場では、みんな一緒に仲良く元気良くのシステムを支え「一斉」に動くことを保証する産業が衰退し、それぞれ一人一人が「バラバラ」に動くことを支援する産業が前者と交代して隆盛を極めるのは当たり前でしょう。

前者の典型が航空運輸ホテルなどで、もうみんな豪華客船も乗りたくないはず。

後者の典型はamazonなどの通販やZoomなど分散統治システム。フレンチやイタリアンの名店の料理もテイクアウトできるなら、カクヤスの500円のスパークリングワインと一緒に家で食べた方が（ワインに5000円払わされるより）はるかにコスパが高いこともバレてしまいました。半年続けば、デリバリーも習慣になる。

と同時に、リモートが進めば進むほど、ネット上の画面の中で明らかに無能な人は脱落していきます。

リアルな会議では、課長や部長が人事権と予算権という権力を基盤にして会議を進行し部下を査定しますが、リモートという仕事形態では、肩書きより、その人の生み出すコンテンツそのものの価値や、個人としての思考力、判断力、表現力があからさまになるからです。

たとえば、Zoom会議では中身のない発言で割り込むのは難しいですからね。

中間管理職のホワイトカラーの大半は、その存在基盤を失うだろうということ。—

方、ネットを駆使できる若者や生活感覚のある女性のチャンスは増す。

つまり、コロナ前後に起こる本質的な社会変化は、これまで効率を追ってなんとなく「一斉」にしていた全体システムを、個々が「バラバラ」になりながらも、その個性が生きるようにつないでいくような動きへと加速することになります。

敗戦からしばらくは戦勝国アメリカの豊かさに憧れ、「アメリカンライフ」というミッキーとミニーちゃんのような絵柄を完成させるべく、ジグソーパズルを埋めるのに必死だった。モデルを真似して正しい位置にいち早くピースをはめていけば先進国に追いつける正解至上主義のゲームです。

だから日本の学校システムは「一斉」授業で効率的に「早く、ちゃんとできるいい子」を増産し、産業界に大量に処理能力の高いホワイトカラーとブルーカラーを送り込む役割を果たしてきました。

住宅ローンという会社丸抱えで住まいの夢を叶えるシステムと、マスコミによるアメリカンライフスタイルの喧伝、それに学校による人材の標準化が見事にはまった結果、日本社会はギリシャ・ローマ時代から誰も成し得なかった、国民の7割が自分を豊かだと思うような「上質な普通」の塊を形成することに成功したのです。

ところが、80年代にはこのキャッチアップが完了して、2000年代から日本独自の世界観、すなわち絵柄が必要になったのに、政治家も官僚も誰も新しい絵柄を描けなかった。だから、その後20年以上の停滞が続くことになりました。

本当は、ピースを組み合わせて絵柄を次々と変えていけるレゴブロックのような考え方が必要でした。個人がもっとイマジネーションを発揮して、国や会社から押し付けられた夢の実現ではなく、独自に人生観や世界観を編集していく姿です。

この本に詳述したように、僕は、前者の、あらかじめ設定された図柄のジグソーパズルを完成させる処理的な能力を「情報処理力」、後者の、想像力を駆使してそれぞれ一人一人の人生をレゴのように創り上げていく編集的な能力を「情報編集力」と呼んできました。

「上質な普通」を達成した社会は、その後、すべての国民を「上質な上流」に導くことなどできません。

成熟社会の流儀に従って、この「上質な普通」の集団は縦横斜めに分解し、多様化、複雑化が進むことになります。ただでさえ、真ん中へんを形成していた処理型の上質な雇われ仕事は、AI武装したロボットが奪っていくはずでした。

そこにコロナが登場します。個人をバラバラにしてネットワークでつなげる社会の形成が、人類生存の危機を乗り越えるために必須の命題になった。

この本は単行本として2017年に出版され、2020年代を予言する本としてベストセラーになったものですが、図らずもそこで予言したAIロボット化は、2020年からの全世界的なコロナ騒動で加速されることになったのです。

だから、学校教育もそろそろ変わっていいのではないでしょうか。

知識を先生から児童生徒に伝えるのに効率的だとされてきた、黒板＋教科書＋机と椅子を使って教室で一方的に教える「一斉」授業から、オンラインによって「バラバラ」な児童生徒をつなぐ分散授業へ。

コロナ騒動で自宅に軟禁された状態であっても、ネットの向こうに「自分に合った恩師」が見つかれば、学校という閉ざされた空間で偶然決まった担任に基礎学力や人生そのものを左右されるリスクは減ります。N校のようなフリースクールが人気を博しているように、人生の目標を絞っているオリンピアンや集団生活が合わない不登校の子がすでに取り組んでいる勉強のスタイルです。

一方、僕が教室でも可能な当面の理想の姿と思うのは、生徒個人のスマホを WiFi につないで常時接続し授業を受けるスタイル。これだと、目の前の先生がつまらない授業をしていたら、生徒はその場でさっさとスマホの向こうにベストな先生を見つけ、同じ単元の同じ箇所をもっと楽しく学ぶようになるでしょう（苦笑）。

それでも、集団で学ぶことで、できるようになることは多いので、学校という存在はそう簡単には無くならないと信じています。

日本民族は、黒船が来ないと社会改革が行われないというクセがあるのですが、コロナは、またとないタイミングで訪れた黒船だと言えるのかもしれません。

最後に、ちくま文庫の藤原和博「人生の教科書」コレクションの3冊目の本として、この文庫に文章を寄せていただいた橘玲氏に感謝の意を表したいと思います。

5月発売の1冊目『本を読む人だけが手にするもの』にはショールームの前田裕二さんの読書に関わるエッセイを掲載。ついで2冊目『必ず食える1%の人になる方法』にはキングコング西野亮廣さんとの対談を付録に付けました。

橘さんとは会ったことはないのですが（もっとも顔写真を明かしていらっしゃらない

ので、街中ですれちがっていてもこちらからはわからない：笑）、いつも分析が鋭く切れ味が良い書籍を書かれるので、ぜひいつかコラボしたいと考えていました。
文庫版『10年後、君に仕事はあるのか？』への寄稿、ありがとうございます！

2020年初夏

藤原和博・教育改革実践家
元リクルート社フェロー／和田中学校・一条高校元校長

【文庫版特典エッセイ】

「幸福」を手に入れるルールはいま、大きく書き換えられつつある

橘　玲

「10年後、君に仕事はあるのか?」については、藤原和博さんがこの本でとてもわかりやすく説明しているので、ここでは別の視点から同じテーマを論じてみたい。最終的には藤原さんと同じ場所に着地することがわかるはずだ。

ベルカーブの世界からロングテールの世界へ

「世界じゅうで経済格差が拡大しているし、これからますます格差は拡大していく」といろんなところでいわれている。これがどういうことかを、ベルカーブとロングテールで「見える化」してみよう。

ベルカーブ(正規分布)は釣鐘のかたちになる分布で、平均付近にもっとも多くの事象が集まり極端なことほど少なくなるが、その割合は統計的に予測できる。学校の偏差値もベルカーブで、平均点(偏差値50)から1標準偏差以内(偏差値では40〜60)に全体の約7割(68・3%)が、2標準偏差以内に全体の95・4%が収まる。――正

［図１］ベルカーブの世界

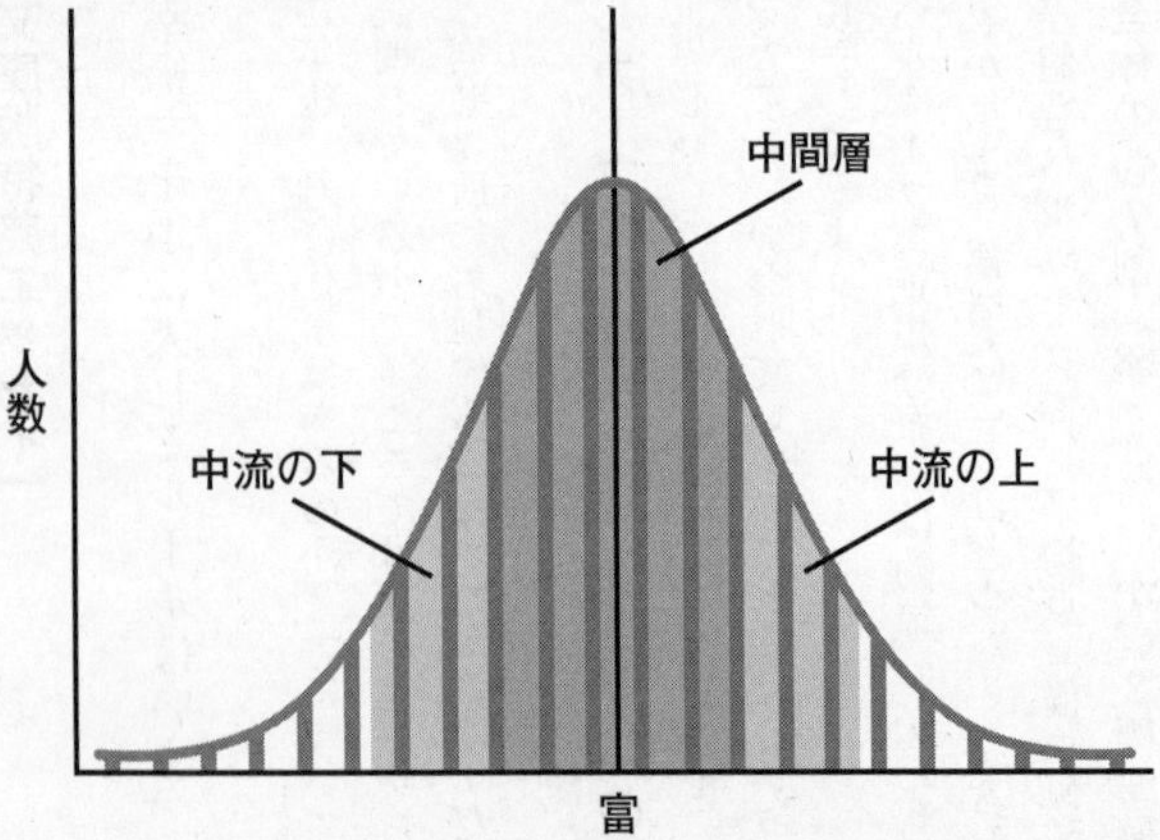

規分布ではどのような場合でもこの原則が適用できる。

同じように、ゆたかさが正規分布する社会を考えてみよう。図1のように、平均を挟んで1標準偏差以内が中間層で約7割を占め、中流の上（偏差値60～70）と中流の下（偏差値30～40）を加えるとほぼ全員（95％）になる。まさに昭和の「1億総中流時代」そのものだ。

それに対してロングテール（べき分布）では、ほとんどのことは「ショートヘッド」と呼ばれる左側に集まるが、恐竜の尻尾のようにテールがどこまでも右に伸びていって「とてつもなく極端なこと」が起こり、未来を統計的に予測できない。身長1メートルの小人の群衆のなかに、身長10メ

［図2］ロングテールの世界

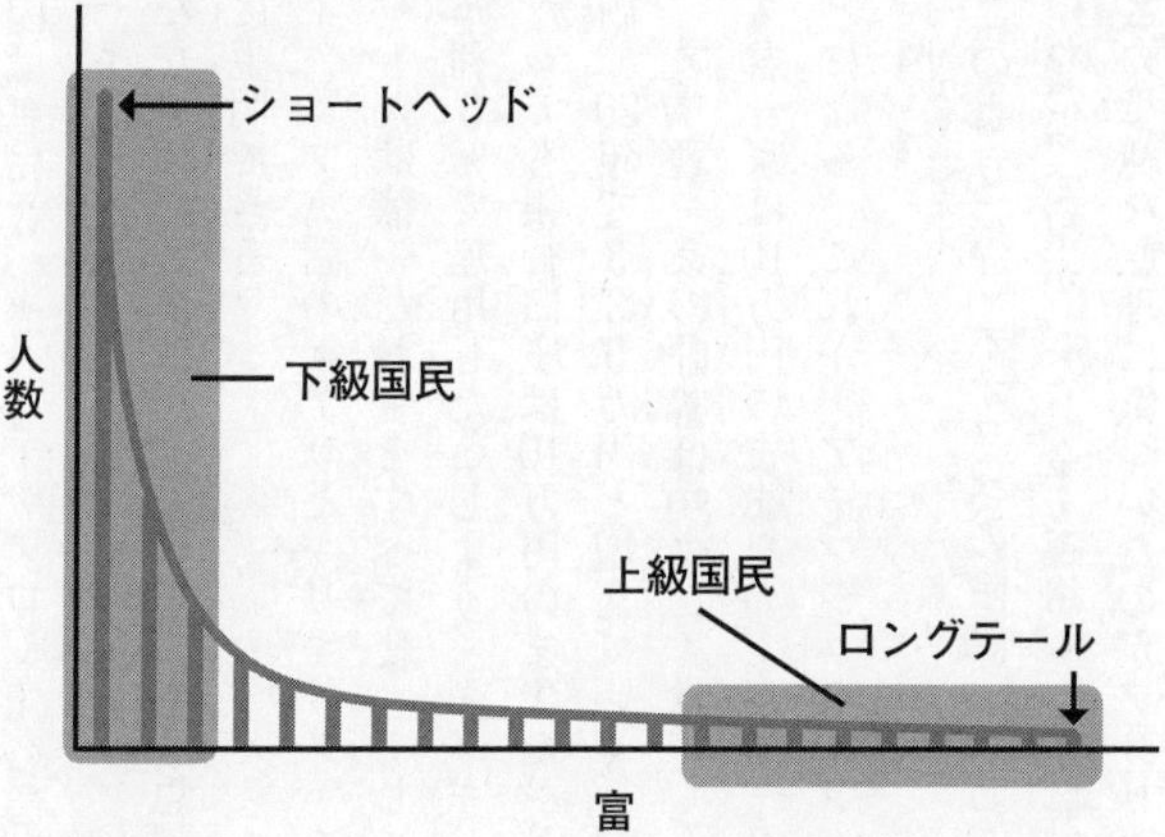

ートルや100メートルの巨人がいる世界をイメージしてみるといいだろう。

べき分布は、じつは私たちのまわりにたくさんある。その典型がインターネットで、大半のホームページはたいしてアクセスがない一方、Yahoo!やGoogle、Facebookのような少数の「ロングテール」に膨大なアクセスが集中する。

図2では、ベルカーブの「中流」が崩壊して、ショートヘッド（下級国民）とロングテール（上級国民）に社会が分断されている。これが「経済格差の拡大」と呼ばれる現象だ。

「長い平和」が格差を拡大させる

なぜこのようなことが起きるのか。その

原因は主に3つで、「テクノロジーの急速な発展」「経済のグローバル化」「長い平和」だ。

なぜ平和だと格差が拡大するのか不思議に思うひともいるだろうが、これはシンプルに説明できる。

イソップ寓話の「アリとキリギリス」を例に、10万円の貯金がある友だち2人がいて、1人は稼いだお金をすべて使ってしまい、もう1人は毎年10万円を貯金し、それを年利5％で運用したとしよう。キリギリス君は1円も貯金しないのだから、いつまでたっても銀行口座は10万円のままだ。それに対してアリ君の貯金は、10年で125万円、20年で330万円と増えていく。同じことを子ども、孫、ひ孫とつづけていくと、アリ君一家の貯蓄は80年（4世代）でほぼ1億円に達する。それに対してキリギリス君一家は10万円のままなのだから、2人のあいだには1000倍の格差が生じたことになる。これが、アインシュタインが「人類最大の発明」といった複利のパワーだ（図3）。

このように、「ネオリベの陰謀」などなくても、社会が安定していれば（銀行が80年にわたって預かったお金を運用してくれれば）格差は自然に拡大していく。

この単純な原理に気づいたのがアメリカの歴史学者ウォルター・シャイデルで、大

［図3］複利のパワー

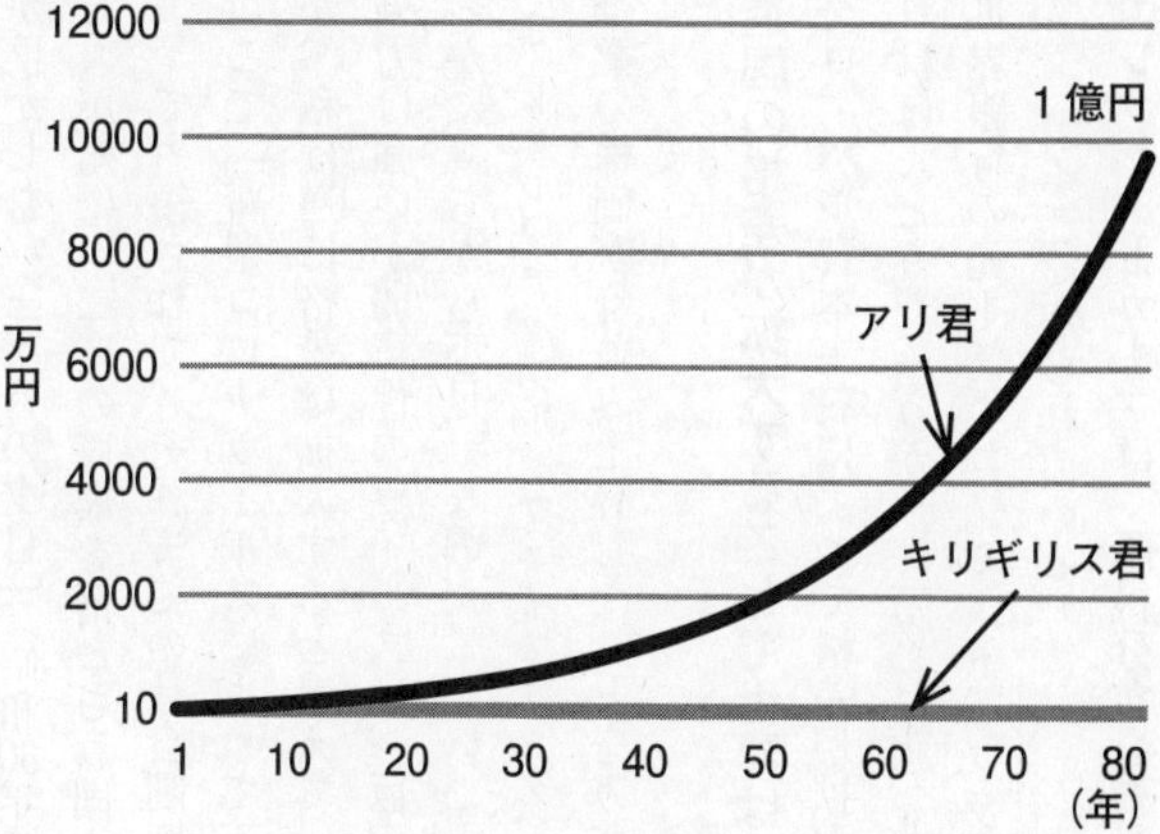

著『暴力と不平等の人類史　戦争・革命・崩壊・疫病』（東洋経済新報社）で古代中国やローマ帝国にまでさかのぼり、人類の歴史には平和がつづくと不平等が拡大する一貫した傾向があることを示した。

ではなにが「平等な世界」をもたらすのかというと、それは「戦争」「革命」「（統治の）崩壊」「疫病」の四騎士だ。二度の世界大戦やロシア革命、文化大革命、黒死病（ペスト）の蔓延のような「とてつもなくヒドいこと」が起きると、それまでの統治構造は崩壊し、権力者や富裕層は富を失い、「平等」が実現するのだ。

そのように考えれば、戦前までは「格差社会」だった日本が戦後になって突如「1億総中流」になった理由がわかる。ひとび

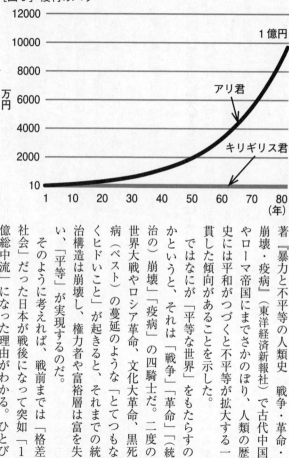

とが懐かしむ「三丁目の夕日」（昭和30年代）の「平等な日本」は、敗戦によって300万人が死に、二度の原爆を落とされ国土が焼け野原になり、アメリカ軍（GHQ）によって占領されて、それまでの社会制度が破壊された「恩恵」だったのだ。

ここで「新型コロナウイルスによって不平等は縮小するのか」との疑問があるだろうが、私は逆に格差は拡大すると考えている。シャイデルのいう「四騎士」に比べて、感染力は強いが弱毒性のウイルスは、巨大な「グローバル資本主義」を破壊するには明らかに「ちから不足」なのだ。このことは、世界じゅうが混乱するなかでGAFAM（グーグル、アップル、フェイスブック、アマゾン、マイクロソフト）のグローバルIT企業の株価が軒並み上昇したことをみても明らかだろう。

先進国の格差が拡大することで世界はより平等になった

「グローバル資本主義によって格差が拡大した」と当たり前のようにいわれているが、これはほんとうだろうか？「グローバル化によって格差は縮小した」と指摘したのは世界銀行の元主任エコノミスト、ブランコ・ミラノヴィッチで、「エレファントカーブ」（図4）で知られている。

エレファントカーブは、所得分布を横軸、国民1人当たりの所得の伸びを縦軸にし

［図4］グローバルな所得水準で見た1人当たり実質所得の相対的な伸び　1988-2008年

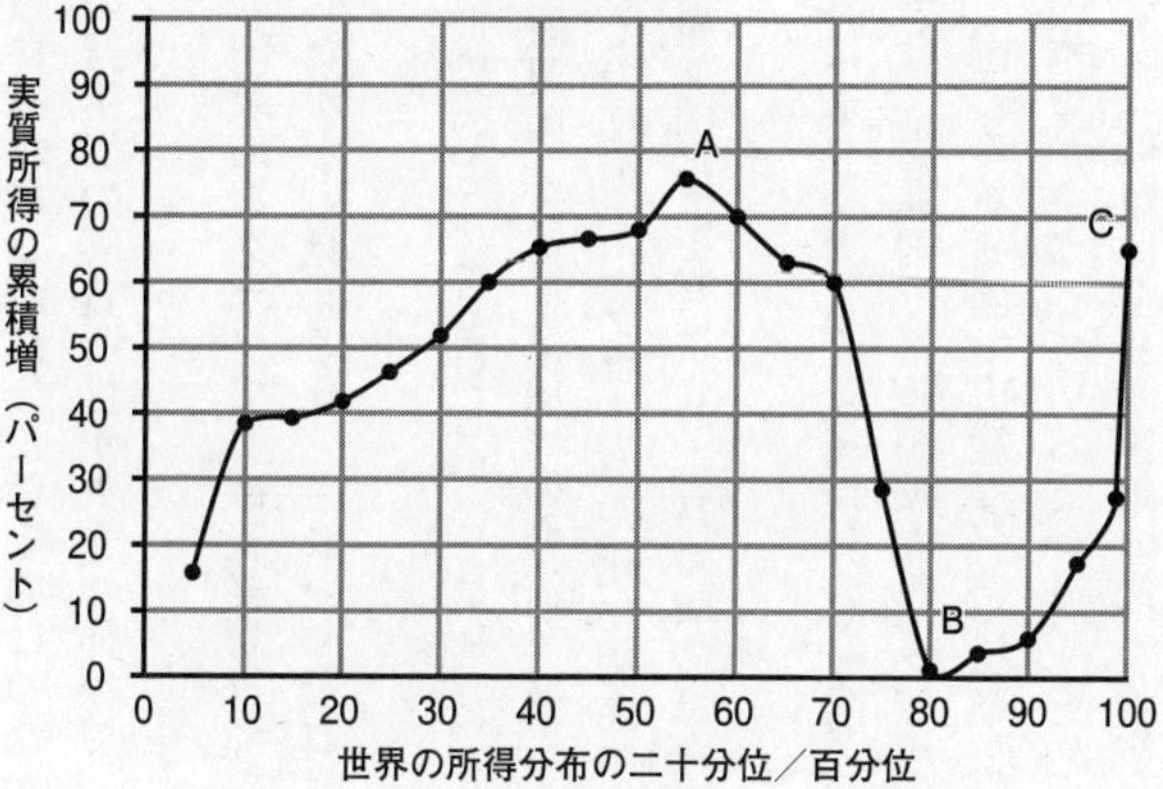

（ミラノヴィッチ『大不平等』より作成）

て、1988〜2008年の20年間で実質所得がどれだけ伸びたかを示した図だ（『大不平等　エレファントカーブが予測する未来』みすず書房）。

　このグラフでは、アフリカなどもっとも貧しいひとたちの所得はまったく増えておらず、これが象の尻尾にあたる。だがそこから実質所得が急速に伸びはじめ、象の巨大な胴体を形成する。これは中国やインドの最貧困のひとたちがこの20年でぞくぞくと中間層の仲間入りをしたことを示している（A）。

　だがグラフはそこからまた急速に下がり、グローバルな所得分布で上位25〜10％のひとたちの実質所得がほとんど伸びていないことがわかる（B）。

象の頭にあたるこの部分にいるのはゆたかな先進国の中間層だ。そして最後に、上位1%の富裕層の実質所得が大きく伸びて、象が鼻を高くもちあげているように見える(C)。

この印象的なグラフで、冷戦終焉以降の急速なグローバル化がどのような効果をもたらしたかが〝見える化〟された。それは以下の4点にまとめられる。

(1) 世界のもっとも貧しいひとたちは、あいかわらず貧しい。

(2) 新興国(発展途上国)の経済発展によって分厚い中間層が形成された。

(3) その反動で、グローバル化に適応できない先進国の中間層が崩壊した。

(4) 先進国を中心に(超)富裕層の富が大きく増えた。

論者によって大きく意見が分かれるグローバリゼーションへの評価だが、ミラノヴィッチは、先進国で格差が拡大しているのは事実だとしたうえで、世界人口の大きな部分を占める新興国で広範な経済成長が実現したことで、全体としてグローバルな不平等の水準が下がっているという。このことはデータでも確かめられていて、グローバルなジニ係数は1988年の72・2から2008年の70・5、さらに2011年には約67まで低下している（ジニ係数は格差の指標で、0は全員の資産がまったく同じ完全平等、100は1人の独裁者がすべての富を独占する完全不平等）。その結果、産業革命以降ではじめてグローバルな不平等は拡大を停止した。

「グローバリズムが格差を拡大した」と主張するひとが日本にもたくさんいるが、これはフェイクニュースの類だ。実際には、グローバリズムによって世界の経済格差は縮小し、平均的に見れば、世界のひとびとは1980年代よりもずっと幸福になったのだ。

アメリカでは6世帯に1世帯がミリオネア？

スイスの金融機関クレディスイスは、毎年発表している「世界の富裕層」レポートで世界のミリオネア（億万長者）の国別人数を発表している（金融資産や不動産資産など総資産から住宅ローンなどの負債を差し引いた純資産を推計）。その推移をまとめたのが図5で、濃い部分が2000年、薄い部分が2019年を示している。

これによると、全世界には4680万人のミリオネアがおり、この20年間で世界の富は爆発的に拡大した。

アメリカのミリオネアは1900万人で、すべて世帯主として概算すると、総世帯

［図5］国別ミリオネア（万人）

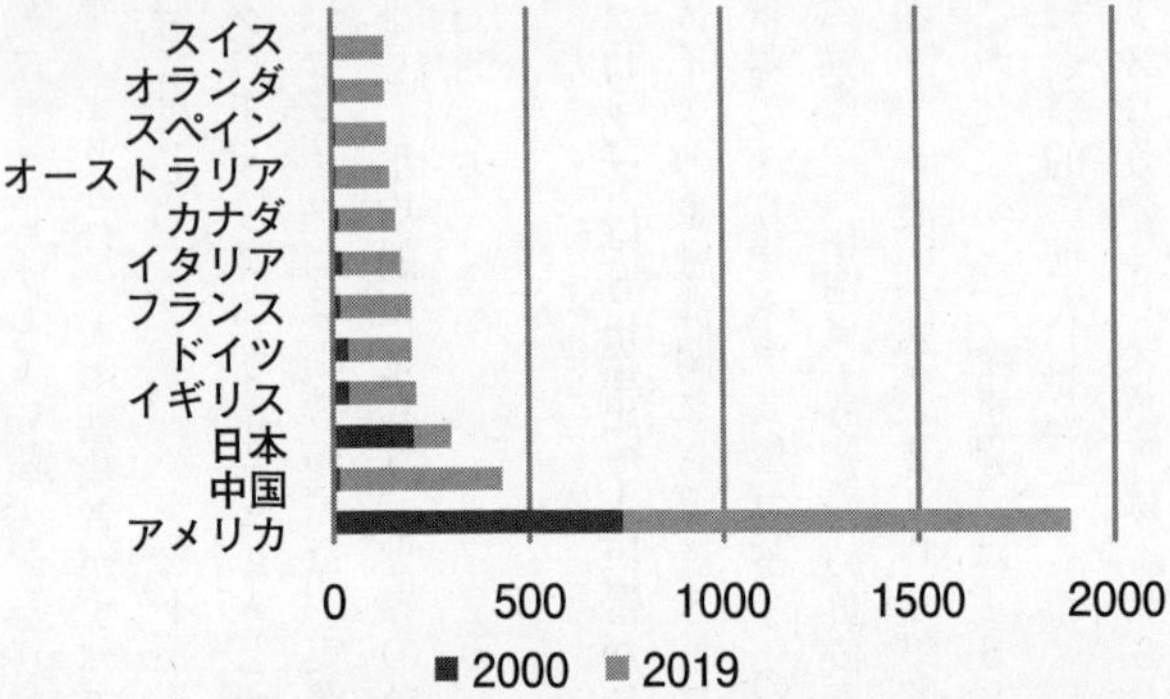

The Economist「Millions of millionaires」(2019/10/22) より作成

数1億2246万に対して15・5%、6〜7世帯に1世帯はミリオネアになる。以下、主要先進国をミリオネア世帯比率で並べると、イギリス（ミリオネア250万人／世帯数2641万）は9・5%で10世帯に1世帯、フランス（200万人／3000万世帯）が6・7%、日本（300万人／5075万世帯）が6%で15〜16世帯に1世帯、ドイツ（200万／4080万世帯）が4・9%で20世帯に1世帯だ。経済格差の拡大で貧困が社会問題になっているが、その一方で、億万長者がどこにでもいる世界に私たちは生きている。

もうひとつ目を引くのは、アメリカのミリオネアが2000年の750万人から1900万人へと2・5倍になったように、日本を除くすべての国でこの20年間にミリオネアが大きく増えていることだ。高度経済成長期にある中国で億万長者が続々と誕生したのは当然としても、それほど経済成長率が高いわけでもないヨーロッパ諸国でもミリオネアの伸び率はきわめて高い。

これがトマ・ピケティ（『21世紀の資本』みすず書房）のいう「資産効果」で、株式（金融資産）と不動産（実物資産）の価値（とりわけ主要都市のマイホームの評価額）が大きく上がったことを示している。日本だけミリオネアの伸び率が低いのは、超低金利、株価低迷、不動産価格の下落によって富裕層が「資産効果」を享受できなかったからだろう。その結果日本人は、「貧困」にばかり目を奪われて、世界で起きている「富の爆発」というもうひとつの側面をうまく理解できないでいる。

アメリカでは最富裕の上位４００人が所有する富が下位50％の富の合計を上回り、上位１％が同国の個人資産の42％を所有しているとされる。社会学者マイク・サヴィジは、ＢＢＣ（英国放送協会）の協力を得て実施した大規模調査に基づいて、イギリスでも同じことが起きているという（『７つの階級　英国階級調査報告』東洋経済新報社）。

サヴィジによれば、イギリスの所得分布は二極化していて、「所得上位10％の収入は下位10％の約17倍、上位１％の所得が下位の約１２４倍」になった。しかしこれは、富（資産）の格差に比べればささいなものでしかない。

イギリスの貯蓄・住宅・家財・貴金属などの個人資産の総額は、1980年の2兆ポンド（約270兆円）から2005年にはインフレを考慮しても3倍の6兆ポンド（約810兆円）相当に増えた。対GDP比の総資産の割合も、同じ25年間で300％未満から500％超へと約2倍になっている。

社会全体の経済資本＝純資産を、サヴィジは「富の山」と形容する。この数十年でイギリス社会の富の山は大きく成長し、その結果、上位1％の富裕層の1人当たり平均資産は1976年の70万ポンド（約9450万円）から、2005年にはインフレ調整後で約3倍の223万ポンド（約3億円）に膨れ上がった。それに比べて下位50％のひとびとの平均資産は5000ポンド（約68万円）から1万3000ポンド（約176万円）になったにすぎない。――ここでも社会全体がゆたかになれば、（絶対額での）格差は自然に拡大していくことがわかる。

サヴィジはイギリスの経済格差を、「富の山が高くなれば、麓から頂上を目指すのが困難になる」と説明する。山頂までの距離がさほど遠くなければ、努力すれば自分でもたどりつけると思えるだろう。だが「富の山」がエベレストのようにそびえたっていたら、ほとんどのひとは登山そのものをあきらめてしまうのではないだろうか。

世界一の大富豪はアマゾン創業者のジェフ・ベゾスで、その純資産は1780億ドル（約20兆円）とされる。日本の平均的なサラリーマン（大卒）が新卒から定年まで働いて得る生涯収入は3億～4億円とされているから、その5万～6万人分にあたる。こんな大富豪はベゾス一人ではなく、ビル・ゲイツ（マイクロソフト）、マーク・ザッカーバーグ（フェイスブック）、ラリー・ペイジとセルゲイ・ブリン（グーグル）、イーロン・マスク（テスラ）など、数兆円規模の資産を持つ起業家はたくさんいる。こうした成功者たちが知識社会化したグローバル資本主義の「富の山」を構成している。

新興国のひとびとがグローバル化によってゆたかな生活を享受できるようになった一方で、欧米の貧困層は成功を夢見ることすらできず、巨大な富の山を目の前にしてただ茫然とするほかないのだ。

クリエイターとマックジョブ

これからの仕事はどうなっていくのだろうか？　それを考えるために、君たちの働き方が大きくクリエイター、スペシャリスト、バックオフィスに分かれることを説明しよう。

クリエイターというのは「クリエイティブ（創造的）」な仕事をするひとで、スペシャリストは「スペシャル（専門）」を持っている。それに対してバックオフィスは「事務系」の仕事だ。

クリエイターというとマンガ家やミュージシャンを思い浮かべるだろうが、プロスポーツ選手やベンチャー起業家なども含まれる。そうやって範囲をどんどん広げていくとなにがクリエイティブかわからなくなってしまいそうだが、日本でも世界でも彼らには際立った特徴がある。それは「会社に属していない」ことだ。

サラリーマンをしながらライブハウスのステージに立つミュージシャンはいるかもしれないが、音楽活動で会社から給料をもらっているわけではない。会社勤めのプロ野球選手はいないし、（自分で会社を立ち上げる）ベンチャー起業家が会社員というのはそもそも定義矛盾だ。

それに対してバックオフィスは、非正規やパート、アルバイトなど雇用形態にちがいはあっても、全員がどこかの組織に所属している。事務系の仕事というのは、その「事務」を発注して管理する会社がないと成り立たないのだ。

スペシャリストはこの中間で、組織に属さずに仕事をすることもあれば、どこかの組織に属していることもある。典型的なのは医者で、自分の病院を持てば「開業医」、どこかの大きな病院で働けば「勤務医」と呼ばれる。弁護士や会計士・税理士、プロ

［図６］クリエイターとマックジョブ

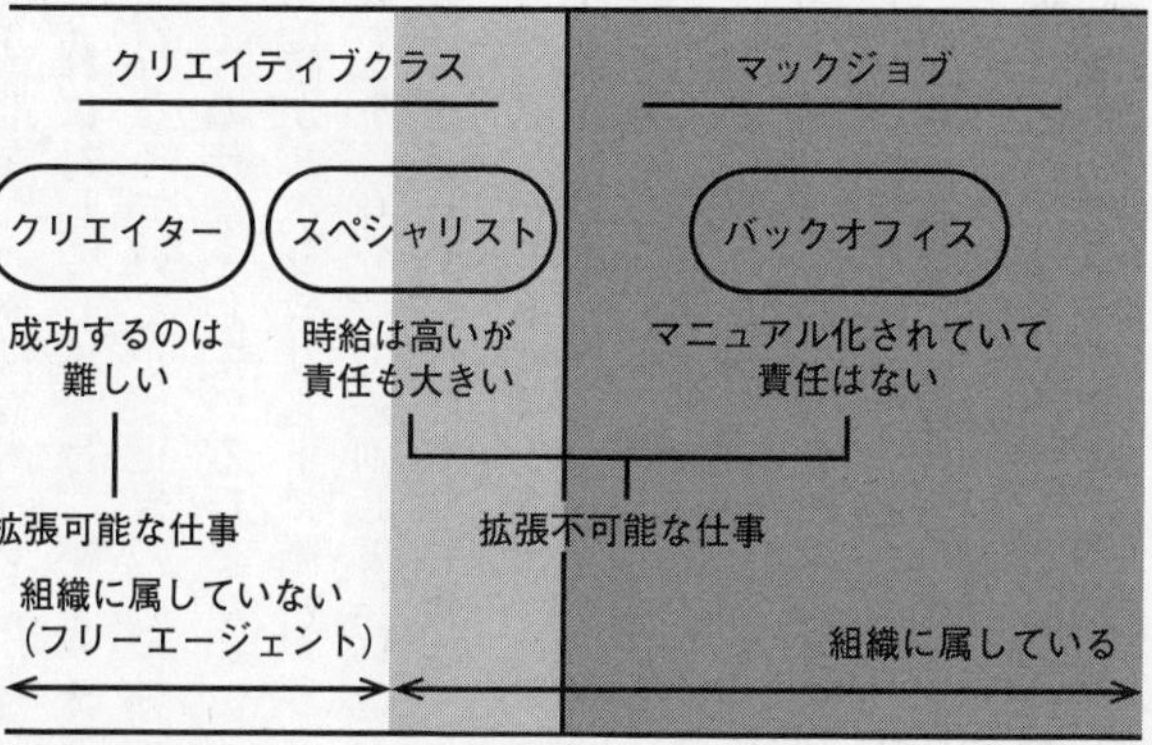

グラマーやコンサルタント、トレーダーなどにも、組織に属しているひとと属していないひとがいる（図６）。

組織に属していないクリエイターとスペシャリストは、「フリーエージェント」とか「インディペンデント・ワーカー」と呼ばれる。要するに自営業者のことだ。ここまでは世界共通だが、スペシャリストとバックオフィスの扱いでは、日本と世界は大きく異なる。

いまでは欧米だけでなく中国なども含め、「外資系」の会社では、組織のなかでスペシャリストとバックオフィスがはっきり分かれている。投資銀行でいえば、スペシャリストは株式や債券を売買したり、顧客（機関投資家）に営業したりするひとで、バックオフィスはその取引を記帳するのが仕事だ。この２つはまったくちがう世界で、彼らは相手のことを「同僚」だなんてぜったい思わない。

それに対して日本では、バックオフィスの仕事は主に非正規という「身分」の労働者が行なっているが、正規の「身分」の労働者、すなわち正社員のなかにもバックオフィスの仕事をしているひとがいて、混然一体となっている。そのうえ正社員のなかで、誰がスペシャリストで誰がバックオフィスなのかもよくわからない。

ひとを「身分」で差別してはいけないというのは、近代市民社会のもっとも重要な約束事だ。ところが日本の会社は、社員を「正規」と「非正規」という身分に分けている。これは現代の身分制そのもので、いま日本社会の大きな問題になっている。

日本政府もさすがにこのことに気づいて、「働き方改革」でスペシャリストとバックオフィスの仕事を分けようとしているが、バックオフィスの仕事をしている「正社員」が既得権にしがみついているため遅々として進まない。日本の労働組合は正社員クラブで、その最大の目的は「身分制」を守ることなのだ。

このことを確認したうえで次に、3つの働き方を別の角度から見てみよう。

拡張可能な仕事と拡張できない仕事

映画俳優と演劇の役者はどちらも同じような仕事をしているが、映画はクリエイター、演劇はスペシャリストの世界だ。これは、その仕事が「拡張」できるかどうかで決まる。

テクノロジーの進歩によって、あらゆるコンテンツがきわめて安価に（ほぼゼロコストで）複製できるようになった。

「スターウォーズ」のように大ヒットした映画は、映画館、テレビ、DVD、インターネット配信など、さまざまなメディア（媒体）によって世界じゅうに広がっていく。ネットの配信数には上限はないから、理論上は、地球上に住むすべてのひとがお金を払って映画を楽しむことができる。これは、富にも上限がないということだ。

映画と同様に、本（『ハリー・ポッター』）や音楽（ジャスティン・ビーバー）、ファッション（シャネル、グッチ）やプロスポーツ（ワールドカップ）、検索（グーグル）やSNS（フェイスブック）、プログラム（マイクロソフト）も拡張可能な世界だ。

それに対してバックオフィスは時給計算の仕事だから、収入は時給と労働時間で決まり拡張性はまったくない。時給1000円の仕事を8時間やれば8000円で、それ以上にもそれ以下にもならない。

それ以外にも、拡張性のない仕事はいろいろある。

演劇はたしかにクリエイティブな仕事だが、その収入は劇場の規模、料金、公演回数によって決まる。大評判になれば連日満員だろうが、それ以上利益は増えないから、富を拡張するには広い劇場に移るか、公演回数を増やすしかない。

このように考えると、医師や弁護士、会計士などの仕事も拡張性がないことがわかる。

テレビドラマに出てくる天才外科医は1回の手術料がものすごく高いかもしれないが、手術件数には物理的な上限があるから、富が無限に拡張していくことはない。同様に、弁護士や会計士も扱える事件やクライアントの数には上限があるだろう。彼らはきわめて高い時給で働いているが、それでも拡張不可能な世界の住人なのだ。

クリエイティブな仕事をしていても、クリエイターは拡張可能で、スペシャリストは拡張不可能だ。このようにいうと誰もがクリエイターに憧れるだろうが、成功するのはごく一部というきびしい世界で、タダ働き（ときには持ち出し）になることもある。それに対してスペシャリストは働けば必ず収入が得られるし、年収2000万円や3000万円になることもめずらしくない。ただしそれにともなって、責任も大きくなっていく（医者は誤って患者を死なせてしまうと医療過誤で訴えられる）。

だからこれは、どちらがよくてどちらが悪いということではない。共通するのはクリエイティブな仕事をしていることだから、クリエイターとスペシャリストを合わせて「クリエイティブクラス」としよう。

それに対してバックオフィスは、仕事の手順がマニュアル化されているからクリエイティブなものはほとんどない（だから「マックジョブ」とも呼ばれる）。そのうえ時給は、スペシャリストに比べて大幅に低い。

だったらバックオフィスの仕事にはなんの魅力もないのだろうか。そんなことはない。そのいちばんの魅力は「責任がない」ことだ。マニュアルどおりにやるのが仕事なのだから、それによってなにかとんでもなくヒドいこと（原発が爆発するとか）が起きたとしても、責任をとるのはマニュアルをつくった会社（経営陣）でバックオフィスの労働者ではない。世の中には、労働は生活のためのたんなる手段で、余った時間を趣味に使いたいというひとが（かなりたくさん）いるが、そんな彼ら／彼女たちにぴったりの仕事だ。

バックオフィスのもうひとつの特徴は、マニュアルどおりに仕事ができさえすれば、学生や主婦、高齢者でも、外国人や障がい者でも、働き手は誰でもかまわないことだ。バックオフィスの会社は、社会から差別され排除されているひとに仕事を提供するというとても大事な役割を果たしている。

AIの時代には男女の平均収入が逆転する

クリエイター、スペシャリスト、バックオフィスの仕事は一長一短あって「職業に貴賤はない」けれど、将来性はかなり異なる。AI（人工知能）をはじめとするテクノロジーが急速に発展していて、これからは人間だけでなく機械とも競争しなければならないからだ。

将棋や囲碁のプロに勝ったことで、いずれすべての仕事はAIに取って代わられるのではないかといわれている。それに対して、たんにルールが決まったゲームに強いだけで、自然な会話とか臨機応変の対応なんてぜんぜんできないのだから、ちょっと出来のいいコンピュータにすぎないとの反論もある。

どちらが正しいかは未来になってみないとわからないが、確実なことがひとつある。機械はマニュアル化した仕事がものすごく得意なのだ。

コンピュータの言語はアルゴリズムで、これは作業手順をすべてマニュアル化したものだ。逆にいえば、うまくマニュアル化できない作業は機械にはできない。

18世紀までは糸を編んで布をつくる作業は人間にしかできなかったが、1779年にイギリスの発明家が紡績機をつくって機械化に成功した。それ以来、科学技術はさまざまな作業を機械化してきて、AIもその延長線上にある。

AIとビッグデータによって、医者や弁護士のようなスペシャリストの仕事すらなくなるといわれている。でもそこで例に挙げられるのは、画像診断から病変を見つけるとか、膨大な裁判記録から関連する判例を探し出すとかの仕事だ。

難しい試験を通った優秀なひとたちを集めて、こんな単純作業で膨大なマンパワーを浪費するのはあまりにもったいない。面倒なことはすべてAIにやってもらって、専門家本来の仕事に専念してもらったほうがずっといい。将来的にはロボット医師やロボット弁護士が登場するかもしれないが、それはまだずいぶん先のことで、当面は、AIのような新しいテクノロジーは（優秀な）スペシャリストの収入を大きく引き上げるだろう。

それに対して、バックオフィスの仕事の雲行きはかなりあやしい。いうまでもなく、それがマニュアル化された仕事のかたまりだからだ。

その典型が銀行のバックオフィス部門で、お金を計算したり、ある口座から別の口座に移したり、外国のお金に両替したりすることは、コンピュータがもっとも得意とすることだ。そのため、近い将来銀行の仕事の多くは機械に置き換えられて、銀行そのものもシリコンバレーのグローバル企業に吸収されるか、淘汰されるのではないかといわれている。

フェイスブックのデジタル通貨リブラが注目されているが、そのうちアマゾン銀行やグーグル銀行が登場して、ブロックチェーンを利用して「1アマゾン」とか「1グーグル」という通貨が発行されてもなんの不思議もない。そうなれば、日本の銀行はみんな消えてしまうだろう。かつては大学生の人気就職ランキングで常連だった大手銀行が軒並み順位を大きく落としているのは、10年後には会社ごとなくなっているのではないかと思われているからだし、この不安には根拠がある。

ただし、時給で給与が払われる仕事のなかにもAIでは代替できないものがある。代表的なのは看護や介護、教育のような仕事で、そこでは患者や生徒への共感力が重要になる。

IQは知能指数だが、EQ（Emotional IQ）は「こころの知能指数」といわれる。EQの高いひとは、他人の感情を理解し、自分の感情をコントロールする能力が高い。EQの定義には諸説あるが、すくなくとも共感力については、男性よりも女性の方が高いことがさまざまな研究で明らかになっている。本格的なAI時代が到来しても、女性は機械を補助にしてずっとうまく適応できるのだ。

そしてこれは、たんなる未来予測ではなくなっている。アメリカでは自動車工場などの仕事が外国に移転され、あるいは機械化されて、人間をあまり雇わなくてもよくなってきた。こうして製造業で働くブルーカラーの労働者が職を失ったのだが、その大半は男だ。それに対して、医療・教育関係など共感力を必要とする仕事（これは「ピンクカラー」と呼ばれる）はあまり影響を受けていない。

こうしてアメリカでは、ブルーカラーとピンクカラーの平均収入が逆転してしまった。いまでは女性のほうがたくさんお金を稼いでいるのだ。そしてこれはたんなる外国の話ではない。機械がバックオフィスの仕事を次々と代替していけば、日本でもいずれ同じことが起きるだろう。

転職しながらキャリアアップしていく

すべてが急速に変化していく世界で、どのような働き方をすれば人生をより有意義なものにできるだろうか。魔法のような方法などないが、ひとつだけはっきりしているのは、新卒で入った会社に定年まで勤め、異動や転勤でさまざまな部署を経験する「日本型雇用」が、新しい時代では「最悪の働き方」になることだ。「ゼネラリスト」を養成すると称して営業から経理、人事までいろんな仕事を中途半端にやらせる日本企業にいても、「スペシャリスト（専門家）」としてのキャリアを築けない。

欧米の会社では、経理部には公認会計士、法務部には弁護士の資格をもつ専門家がいて、ずっとその仕事だけをしている。会社の業績が悪くなったり、経営方針が変わったりしたら、彼ら／彼女たちは独立するか他社に転職してキャリアを継続する（これを「ジョブ型」の働き方という）。

それに対して日本の会社は、どこかの部署の人員を削減するときは、専門性を無視して営業や人事など他の部署に異動させる。これが「メンバーシップ型」の働き方で、日本のサラリーマンは当たり前だと思っているが、欧米のビジネスマンがこれを聞くと腰を抜かすほどびっくりする。仕事において専門性がますます重要になっていくなかで、専門家になることを最初から放棄している日本人の働き方はものすごく異常なのだ。

これまで営業しかやってこなかったシニア社員が、ポストがなくなって経理部や法務部の中間管理職に異動するということが日本の会社ではごくふつうに行なわれている。この社員が外資系企業と交渉すると、相手にするのは公認会計士や弁護士資格をもつプロだ。その結果がどうなるかはいうまでもないだろう。

80年代末のバブル最盛期は、日本経済はアメリカを超えて「坂の上の雲（目指すべき目標）」はなくなったといわれた。だがそれからバブル経済が崩壊し、平成の「失われた30年」がやってきて、いまや日本企業は世界標準から脱落しつつある。その理由は、年功序列・終身雇用という耐用年数がとっくに切れた「日本的雇用」にひたすらしがみついてきたことだ。

これから社会に出る君たちは、この罠にはまってはいけない。目の前まで迫った「未来世界」で通用する専門性を磨くには、ジョブ型の働き方をして、転職しながらキャリアアップしていくしかない。これができるかどうかで、これからの人生は大きく変わるだろう。

恐竜の尻尾を目指せ

「格差社会」ではロングテールの端にいるごく少数の「勝ち組」だけがすべての果実を手にしていく。——こんな暗鬱な未来が語られている。

富や成功が一部に集中するのは避けられないだろうが、だからといってそれがすべてではない。なぜなら、ロングテールは入れ子構造になっているから。

音楽(ポップス)でこのことを説明するなら、ロングテールの端にいるのはジャスティン・ビーバー、テイラー・スイフト、レディ・ガガ、ビヨンセといった超有名人(セレブ)だ。世界じゅうの多くのミュージシャンがその地位を目指しているだろうが、「とてつもない成功」を手にできるのはごく一部しかいない。でも、それ以外はすべて「負け組」なのだろうか。

音楽が好きなら、そんなことはないとすぐにわかるだろう。ポップスには「ジャンル」があり、それぞれのジャンルには固有のファンがついている。ヒップホップやヘヴィメタル、あるいは日本や韓国のアイドルグループのファンは、洋楽のヒットチャートの上位に載るような曲にはなんの興味もないだろう。これらのジャンルは、グルーヴやテクノ、アニソン（アニメソング）やゲーム音楽などさらに多くのサブジャンルに分かれていく。

かつてはミュージシャンとしてデビューしようと思ったら、レコード会社と契約してテレビの音楽番組に出演するなど、とてつもなく高いハードルをクリアしなければならなかった。

でもいまでは、自分の曲やパフォーマンスをユーチューブなどの動画サイトにアップするだけで世界じゅうに配信され、ファンができるようになった。そのうえ「投げ銭（自分の気に入った動画に少額を寄付する）」ような収益化のシステムまで登場した。誰もが「好きなこと」で収入を得られるようになったことは、ものすごく大きな変化だ。

［図7］無数のロングテール

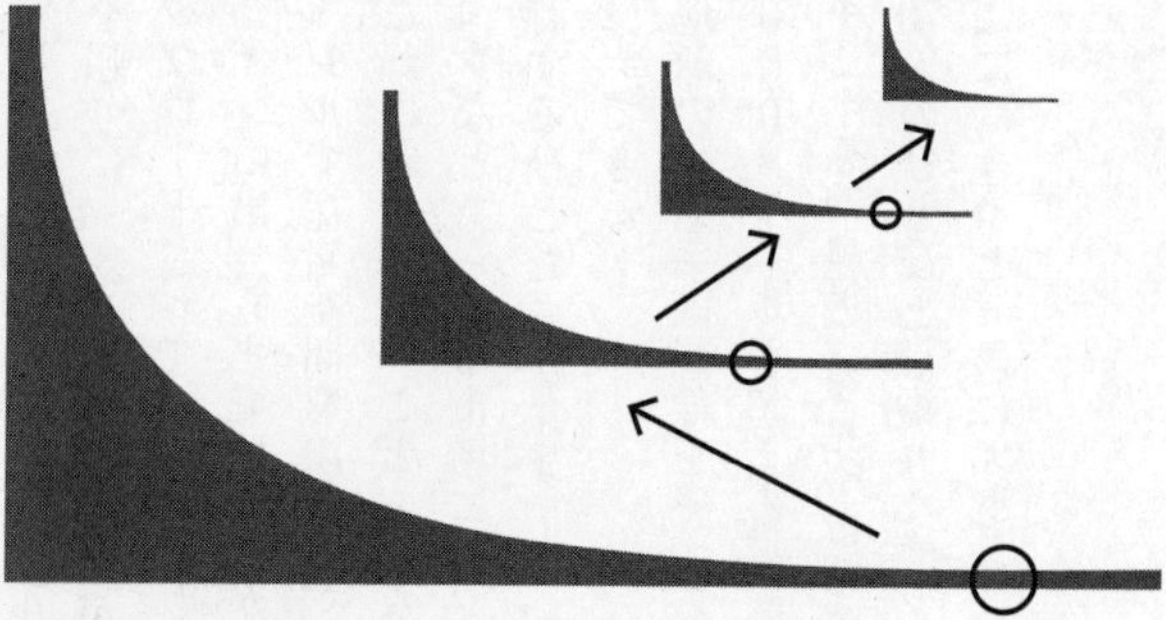

こうした「ジャンルの細分化」によって、無数のロングテールが生まれている。これを図にするとこんなふうになるだろう（図7）。

ロングテールの世界では、その構造上、サブジャンルがメインジャンルを超える人気を集めることはない（ジャンルとしての人気に変遷はある）。でもそのことで、メインジャンルが「勝ち組」、サブジャンルが「負け組」ということにはならない。

好きな音楽はみんなそれぞれちがっていて、異なるジャンル（例えばグランジロックとアニソン）の間で優劣をつけることはできない。だったら大事なのは、世界的な大スターを目指すことではなくて、自分の得意なジャンルでロングテールに場所を確保することだ。

地球上には70億人ちかいひとが暮らしているから、どれほど奇妙奇天烈な音楽でも、同じ好みのひとが一定数いる。こうしてニッチ市場が成立すると、マニアのコミュニティのなかで、評判を頼りに「新しい曲探し」がはじまる。iTunesには5000万曲を超える音楽がアップロードされていて、それをランダムに聴いていたのでは、お気に入りのミュージシャンに出会うまでに寿命が尽きてしまう。それでもこの深い森で迷わないのは、ジャンルで探索空間を限定し、評判をコンパスにして目的地に到達できるからだ。

これは音楽だけのことではなくて、小説、映画、マンガ、アニメ、ゲーム、ファッションなどあらゆる市場にニッチがあり、そこにはカッコいいとか好きとかの感覚を共有するひとたちが集まっている。それを上手にビジネス化することで、「好きを仕事に」できる。

地球の生態系は想像を絶するほど多様で、標高5000メートルの高地にも、深さ6000メートルを超える超深海にも生き物は暮らしている。生物は自分に適したニッチ（生態的地位）を見つけることで、過酷な進化の歴史を生き延びてきた。

70億のひとびとが織りなすグローバル市場も、地球環境に匹敵する複雑な生態系だ。そこにはきっと、君にふさわしいニッチがあるにちがいない。

お金の価値が下がって評判の価値が上がる

好きなこと、得意なことを活かすニッチを見つけたとしても、お金持ちになれないのではないか？　こんな不安をもつひともいるかもしれない。

その答えは、「お金はたしかに大事だが、お金の価値は下がっていく」になる。

理由のひとつは、世界がどんどんゆたかになったことだ。人類史のほとんどにおいて、ひとびとは飢餓や病気、暴力に脅かされて今日一日を生き抜くのに必死だった。ところがいまや先進国では、貧困層がジャンクフードを食べすぎて肥満になることが大きな社会問題になっている。さほど致死率の高くないウイルスが世界を大混乱に陥れたのは、それだけ社会が安全になったからだ。

そんなとてつもなくゆたかで安全な社会では、たくさんお金をもっていてもたいして使い道はない。世界一の大富豪であるジェフ・ベゾスの資産は20兆円だが、その100分の1はもちろん1万分の1（20億円）だってふつうに生きていれば死ぬまでに使い切れないだろう。

もうひとつの理由は、ひとびとの価値観が多様化してきたことだ。かつては、ブランド物の洋服や時計、バッグなど高級品を身につけていることがステイタスとされた。

車なら、ベンツやBMW、ランボールギーニのようなスーパーカーが男の夢だった。でも、トランプが大統領になったこともあって、いまでは成金趣味は「ダサい」典型としてバカにされている。スティーヴ・ジョブズ（アップル創業者）のように、ものすごい成功者なのに、いつもジーンズに黒のタートルネック、スニーカーというカジュアルなファッションの方がカッコいいのだ。環境問題への意識が高まると、燃費の悪い車は敬遠されるようになり、レオナルド・ディカプリオはハイブリッド車のトヨタ・プリウスに乗っていた。

だとしたら、なんのためにお金は必要なのか？　それは「自由に生きるため」だ。これを「経済的独立（フィナンシャル・インディペンデンス）」という。

日本の社会では、仕事のことで悩んだり苦しんだりしているひとがたくさんいる。その原因の多くは、自分に向いてない仕事をやらされたり、上司や同僚、部下との人間関係に悩んでいたり、場合によってはパワハラやセクハラに耐えていたりするからだ。

それに対して、働かなくてもしばらくは不安なく暮らしていけるだけのお金があったらどうだろう。「そんな無理な仕事はできません」「ハラスメントをがまんするつもりはありませんから、辞表を出して裁判に訴えます」と堂々といえるのではないだろうか。これが、「自由に生きるには経済的に独立していなければならない」という意味だ。

アメリカの若者を中心に、FIRE（ファイア）のムーブメントが注目を集めている。〝Financial Independence, Retire Early（経済的な独立を達成して早期リタイアしよう）〟の頭文字で、質素な生活で消費を控え、できるだけ多くのお金を投資（資産運用）に回して、できれば30代で、遅くとも40代には経済的に独立して「自由」を手に入れることを目指すのだという。

そうやって「働かなくてもいい自由」を手に入れるのが「早期リタイア」だが、けっきょくはみんな「働く」ことに戻ってくるはずだ。なぜなら、「仕事」がいちばん面白いから。

もちろんお金は大事だが、資産が増えるにつれてその価値は下がっていく。10万円の貯金が5万円増えて15万円になればすごくうれしいだろうが、1億円の資産が1億5万円になってもなんとも思わないだろう。コーラが美味しいのは真夏の喉がからからに乾いたときの最初のひと口で、1リットルボトルを飲めといわれたらすぐに飽きてしまう。経済学ではこれを「限界効用の逓減」と呼ぶ。お金の効用（幸福感）は逓減する（だんだん減っていく）のだ。

お金と同じくたいていの価値は減っていく(飽きてくる)が、人間にはひとつだけ効用=幸福感が逓減しないものがある。それが「評判」だ。

ひとはみんなから「スゴいね」「カッコいいね」と憧れられたり、「君のおかげで助かったよ」と感謝されることで大きな幸福を感じる。これは数百万年の人類の進化のなかでつくられた「仕様」なので、たかだか1万年程度の歴史しかない「お金」とは影響力がぜんぜんちがう。ひとがほんとうに望んでいるのはお金ではなく、他者からの名声や高い評価=承認なのだ。

そして現代社会では、高い評価を得るもっとも効果的な方法は「仕事」だ。アーリーリタイアして憧れの田舎暮らしを始めても、最初は遊びにきてくれた友だちもだんだん足が遠のき、やがて忘れられてしまうだろう。SNSで農作物の収穫を報告しても、同じようなことをしているひとはたくさんいるから、誰の目にもとまらない。

だとしたら、これまでやってきた仕事にもういちど戻るか(アーリーリタイアしたひとの大半はこのパターンだ)、新しく始めた生活を仕事にする(無農薬野菜をネット販売するとか)のではないだろうか。ひとは、誰にも注目されない人生に耐えられないのだ。

これまでお金に価値があったのは、高い評価を示す適切な基準がなかったからだ。

そのため、豪邸、高級車、ブランド品などによって他人とちがうことをアピールするしかなかった。

しかしソーシャルメディアの登場によって、評判が可視化できる時代が始まった。大金持ちなのにTwitterのフォロワーが10人しかいないのと、そんなにお金はもっていないけど、何十万人、何百万人のフォロワーがいるひとを比べれば、どちらがより注目されるかはいうまでもないだろう。

好きなこと、得意なことで「自分らしく」生きることで、たくさんの評判を獲得できる。これは素晴らしいことだけれど、逆にいえば、自分らしく生きられないなら、幸福な人生も手に入らないということだ。ものすごくたくさんの可能性＝希望はあるけれど、みんながそれを実現できるわけではない。

「幸福」を手に入れるルールはいま、大きく書き換えられつつある。そんな新しい世界で、君たちは生きていくことになる。

（たちばな・あきら　作家）